365 Bastelideen

rund ums Jahr

Susanne Pypke
Johanna Rundel

365 Bastelideen rund ums Jahr

INHALT

Vorlagen-Download in der Digitalen Bibliothek von TOPP

Die Vorlagen-Zeichnungen findest du in der Digitalen Bibliothek:

www.topp-kreativ.de/digibib

Der Freischaltcode steht im Impressum.

VORWORT

Juchuh – hier kommt ein ganzes Jahr voller kreativer Ideen!

Ein Buch mit 365 Bastelideen – das bedeutet 365 Tage Bastelspaß!

Geh mit uns auf eine spannende Reise in die Welt der Papiertiere, Pappkameraden, Wollmonster und Klorollenflitzer. Baue einen Mini-Garten mit Kresse-Plantage, lass Haare aus Eierköpfen wachsen oder Wasserwirbler in der Flasche auf- und niedersteigen. In diesem Buch haben wir unsere besten Bastelideen für Frühling, Sommer, Herbst und Winter für dich zusammengetragen. Sie sind allesamt kinderleicht umzusetzen und machen richtig viel Spaß.

Ob malen, schneiden, falten, kleben, wickeln, flechten, stricken, kneten oder dich einfach mal wieder so richtig kreativ austoben – in diesem Buch findest du zu jeder Technik eine passende Idee. Außerdem zeigen wir dir viele Beispiele, wie du die Projekte so abwandeln kannst, dass immer wieder neue Varianten entstehen.

Dabei erklären wir dir jedes Projekt Schritt für Schritt in kurzen, verständlichen Texten und mit detaillierten Fotos. Dank dem großen Vorlagenteil am Ende des Buches hast du die passenden Vorlagen auch gleich parat. Am besten du legst sofort los!

Wie wünschen dir viel Spaß beim Basteln, Entdecken und Ausprobieren!

Johanna Rundel und Susanne Pypke

XOXO Johanna

Susanne Pypke

FRÜHLING

WENN DIE NATUR ERWACHT

DU BRAUCHST

- saubere, ausgeblasene Hühnereier (weiß oder braun)
- Acrylfarbe in Rosa, Gelb, Blau, Schwarz und Hellgelb
- dünner Permanentmarker in Schwarz
- Bastelkarton in Pink, Orange, Gelb und Schwarz
- Glitzerkarton in Dunkelblau
- etwas weißes Krepppapier
- 1 Zahnstocher
- Biegeplüsch in Pink
- Pinsel
- Schaschlikstäbchen
- dicke Nadel
- Nähgarn in Weiß
- flüssiger Klebstoff

Vorlagen S. 176

OSTEREIER TIERPARADE

1 Male zuerst die Eier mit den entsprechenden Acrylfarben bunt an.

2 Übertrage die Vorlagen, schneide sie aus und klebe sie auf die entsprechenden Stellen.

3 Male mit schwarzem Stift und Acrylfarbe die Gesichter auf.

4 Picke mit einer dicken Nadel vorsichtig ein Loch in das Ei. Befestige etwas Nähgarn um ein etwa 8 mm langes Stück Zahnstocher, und fixiere ihn mit einem Klecks Klebstoff. Stecke den Zahnstocher mit dem Faden durch das Loch. Nun kannst du das Ei aufhängen.

SCHWEIN:
Male das Ei pink an. Fertige Nase und Ohren aus pinkem Karton. Male zwei große schwarze Punkte als Nasenlöcher auf den Kreis und klebe ihn vorne über das Ausblasloch. Kringle etwas pinken Biegeplüsch zu einem Ringelschwänzchen auf und stecke dieses in das hintere Ausblasloch.

PINGUIN:
Male ein weißes Ei mit schwarzer Farbe an. Lasse dabei an einer Seite eine längliche, herzförmige Fläche weiß. Fertige Schnabel, Fuß und Flügel aus gelbem, orangem und schwarzem Karton.

FISCH:
Male das Ei blau, die Spitze mit einer helleren Farbe an. Nach dem Trocknen malst du auf den dunklen Untergrund Fischschuppen auf. Schneide aus blauem Glitzerkarton Flossen aus und klebe sie auf.

BIENE:
Male das Ei gelb an. Nach dem Trocknen malst du schwarze Streifen auf. Stecke später ein Stück Zahnstocher als Stachel in ein Ausblasloch. Stecke die Flügel aus Krepppapier in das Aufhängeloch aus Schritt 4 hinein.

KÜKEN:
Male das Ei hellgelb an. Schneide aus orangefarbenem Karton Schnabel, Kamm und Fußdreieck aus.

POMPONS ZUM ANBEISSEN

1 Umwickle die beiden Klorollen dick mit der Wolle (mindestens 100 Mal!) und binde sie in der Mitte fest ab. Drücke dazu die Klorollen flach zusammen.

2 Ziehe nacheinander die Klorollen heraus und schneide die Fadenschlaufen mit der Schere auf.

3 Dann schneidest du den Pompon in Form, sodass er zu einer schönen Halbkugel wird, die ungefähr 6 cm groß ist.

4 Klebe den Pompon mit dem Textilkleber auf den Stoffwimpel und male je nach Motiv die Details auf.

ERDBEERE:
Ziehe nach dem Wickeln einzelne hellgrüne Fäden durch den Pompon, bevor du diesen zurechtschneidest. Achte beim Zuschnitt darauf, dass der Pompon unten spitz zuläuft. Male nach dem Aufkleben die Blätter auf den Wimpel.

ANANAS:
Ziehe nach dem Wickeln einzelne dunkelgelbe Fäden durch den Pompon, bevor du diesen zurechtschneidest. Achte beim Zuschnitt darauf, dass der Pompon leicht oval ist. Male nach dem Aufkleben die Blätter auf den Wimpel.

FLAMINGO:
Male nach dem Aufkleben des Pompons zwei lange schwarze Beine und einen langen Hals auf, der wie ein spiegelverkehrtes S aussieht. Male zum Schluss den Schnabel an und das Auge auf.

APFEL:
Male nach dem Aufkleben des Pompons den Stiel und das Blatt auf den Wimpel.

EIS:
Male nach dem Aufkleben die Eistüte auf den Wimpel und verziere sie mit einem Rautenmuster.

DU BRAUCHST

- Baumwolltextilien zum Gestalten, z.B. Wimpelkette
- Acrylwolle, Nadelstärke 5-6, in Hellgrün, Hell- und Dunkelgelb, Eisblau, Rosa und Rot
- 2 leere Klopapierrollen
- Textilmarker oder Textilfarbe und Pinsel
- Textilkleber

WIPPTIERE

1 Übertrage die Teile für dein Wipptier von der Vorlage auf Tonpapier und schneide sie aus.

2 Falte alle Teile an den gestrichelten Linien.

3 Klebe die einzelnen Teile des Wipptiers zusammen und verziere es entsprechend.

4 Zum Schluss gestaltest du das Gesicht: Male schwarze Pupillen auf die Klebepunkte und klebe sie als Augen auf. Das restliche Gesicht malst du mit Filzstift auf.

DU BRAUCHST

- Tonpapier
- Klebepunkte in verschiedenen Farben, ø 5-10 mm
- Klebstoff
- Filzstift in Schwarz

Vorlagen S. 177

HAI:
Nach dem Falten des Grundkörpers schneidest du in der Mitte einen Schlitz in die Faltkante. Stecke dort die Rückenflosse hindurch und klebe sie auf der Innenseite fest. Male die Kiemen, den Mund und die Nasenlöcher mit Filzstift auf.

SCHNECKE:
Schneide für die Fühler zusätzlich zwei schmale, ca. 5 cm lange Streifen aus. Nach dem Falten des Grundkörpers schneidest du vorn einen Schlitz in die Faltkante. Stecke die Fühler durch und klebe sie innen fest. Male Spiralen auf das Schneckenhaus und klebe beide Teile auf den Körper.

MAUS:
Schneide für den Mäuseschwanz zusätzlich einen schmalen, ca. 15 cm langen Streifen aus. Klebe ihn zusammen mit dem Kopfteil an.

VOGEL:
Klebe die Flügel schräg nach oben zeigend auf den Vogelkörper auf. Den Schnabel klebst du vorne von innen an.

BIENE:
Schneide zusätzlich zwei schmale, ca. 5 cm lange Streifen für die Fühler und zwei 2,5 cm breite und 15 cm lange schwarze Streifen aus. Schneide nach dem Falten des Grundkörpers vorn einen Schlitz in die Faltkante. Stecke die Fühler durch und klebe sie innen fest. Die schwarzen Streifen auf den Körper kleben und am Rand bündig abschneiden.

TIPP

Zum Spielen den Chenilledraht um den Mittelfinger legen, sodass die Pompons auf dem Handrücken liegen.

DU BRAUCHST

- 2 Pompons, ø 2 cm
- Chenilledraht, 2x 9 cm lang
- 2 Wackelaugen, ø 5-12 mm
- Moosgummireste, Chenilledrahtreste oder Mini-Pompons
- UHU Alleskleber
- 50 Cent-Münze

FINGER GLOTZER

1 Lege die beiden Chenilledrahtstücke zusammen und verdrehe sie miteinander, sodass daraus ein zweifarbiger, gestreifter Chenilledraht wird. Biege den Draht anschließend zu einem U.

2 Klebe die Wackelaugen auf die Pompons und lass den Klebstoff gut trocknen.

3 Klebe die Pompons an den Chenilledraht. Tupfe dazu etwas Klebstoff auf die Drahtenden und auf die Rückseite der Pompons. Lass den Klebstoff etwas anziehen und drücke die Pompons dann erst auf. Kurz trocknen lassen.

MISS ERDBEERE:

Zeichne mit der 50 Cent-Münze einen Kreis auf das Moosgummi. Male Zacken drumherum, schneide den Kreis aus, teile ihn in zwei Hälften und klebe sie an die Pompons.

FLORA FLOWER:

Zeichne mit der 50 Cent-Münze einen Kreis auf das Moosgummi. Male Bögen drumherum, schneide den Kreis aus, teile ihn in zwei Hälften und klebe sie an die Pompons.

BETTY BUTTERFLY:

Klebe zwei Chenilledrahtfühler mit Mini-Pompons und zwei Moosgummiherzen als Flügel auf.

REGENBOGENSCHNECKE:

Rasiere zwei 8 cm lange Chenilledrahtstücke mit der Schere und klebe daran Mini-Pompons auf.

SCHRÄGER VOGEL:

Klebe sechs Chenilledrahtstücke an die Pompons.

ÜBERRASCHUNGS-EIER

DU BRAUCHST

- Pappkartonreste
- Fotokartonreste
- Bastelholz
- UHU Bastelkleber
- Acrylmarker oder Filzstifte

Vorlage S. 176

1 Schneide zwei Eier aus dem Pappkarton zu und schneide ein Ei an der Zickzacklinie entzwei. Wähle dein Lieblingstier und schneide die Teile aus dem Tonkarton zu.

2 Verziere das Ei mit einem Muster. Klebe dann das obere Teil des Eis auf den Kopf des Tieres, bringe die übrigen Teile an und male das Gesicht auf.

3 Klebe das Tier auf das Bastelholz und die untere Hälfte des Eis deckungsgleich auf das ganze Ei. Trage den Klebstoff dazu nur an den grau markierten Stellen auf. Unten bleibt eine Öffnung für das Bastelholz.

4 Stecke das Bastelholz mit deinem Tier vorsichtig von oben in das Ei und schiebe es unten durch die Öffnung wieder heraus. Jetzt kannst du es hoch und runter schieben.

HASE:
Verziere das Ei mit größeren und kleineren weißen Punkten. Male um die größeren Punkte einen blauen Kreis. Male das Bastelholz blau an.

SCHAF:
Male das Ei und das Bastelholz grün an. Verziere beides anschließend mit weißen Punkten.

SCHWEIN:
Verziere das Ei mit rot-weißen Punkten. Das Bastelholz malst du rot-weiß an.

KÜKEN:
Verziere das Ei mit gelben und weißen Zickzack-Linien.

KREPP-BLÜTEN

DU BRAUCHST

- Krepppapier
- Kreppwickelband in Grün
- Papierdraht in Grün, ca. 30-50 cm
- Baumwollgarn
- UHU Alleskleber

1 Für die Blütenmitte packst du zwei Wattebäusche in ein 15 cm x 15 cm großes Krepppapierstück und bindest es mit etwas Wolle oben an den Draht.

2 Schneide wie bei den einzelnen Blumen beschrieben das Krepppapier für die Blütenblätter zu.

3 Bringe die Blütenblätter am Draht an. Die Krepppapierstreifen dazu in Falten um den Draht bzw. die Blütenmitte legen und fest abbinden.

4 Lege das Kreppwickelband unterhalb der Blütenblätter an und wickle es fest um den Blütenansatz und um das obere Ende des Drahtstieles. Das Ende mit etwas Klebstoff festkleben, damit es nicht aufgeht.

TIPP

Die Streifen schneidest du so von der Krepppapierrolle, dass du sie der Länge nach dehnen kannst.

PINK:
Lass die Blütenmitte weg. Schneide für die Blütenblätter zwei 10 cm breite und 100 cm lange Krepppapierstreifen zu, rolle die Kante etwas ein und dehne sie leicht.

BLAU:
Schneide für die Blütenblätter einen hellblauen und einen türkisfarbenen Streifen mit 20 cm Breite und 100 cm Länge zu. Lege die Streifen doppelt, sodass sie nur noch 10 cm breit sind, und wickle sie nacheinander um die Blütenmitte.

ROSA:
Schneide für die Blütenblätter einen gelben und einen rosa Streifen mit 10 cm Breite und 100 cm Länge zu und schneide an einer Kante Bögen ein.

LILA:
Lass die Blütenmitte weg. Schneide einen gelben, einen hellgrünen und einen lila Streifen mit 10 cm Breite und 100 cm Länge für die Blütenblätter zu. Schneide den gelben Streifen an einer Kante in Streifen. Beim grünen Streifen schneidest du Zacken ein. Beim lila Streifen schneidest du Bögen in die Kante.

ORANGE:
Lass die Blütenmitte weg. Schneide für die Blütenblätter einen rosa und zwei orange Streifen mit 10 cm Breite und 100 cm Länge zu. Schneide an einer Kante Streifen ein.

HASEN-QUARTETT

1 Falte den Tonkarton in der Mitte, sodass eine Doppelkarte daraus wird. Bemale deine Handfläche, Zeigefinger und kleinen Finger mit deiner Wunschfarbe.

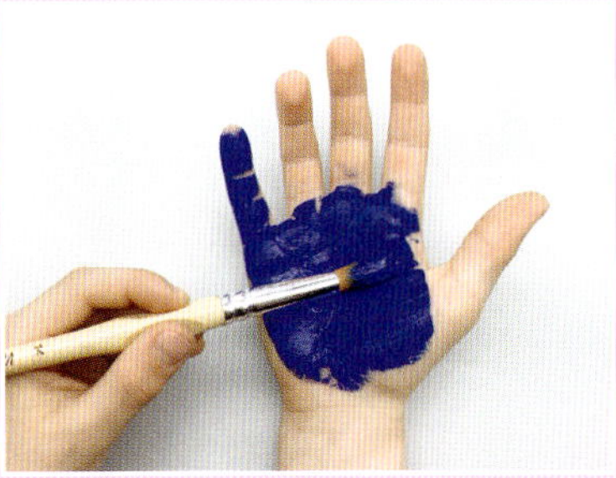

2 Drücke deine Hand fest auf die Vorderseite der Doppelkarte. Schon hast du die Hasenform. Danach schnell die Hand abwaschen und die Karte in der Zwischenzeit trocknen lassen. Unschöne Ränder kannst du mit dem Pinsel etwas nacharbeiten.

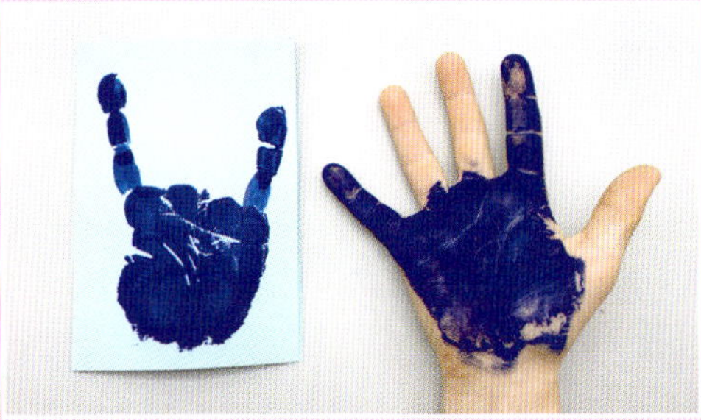

3 Klebe erst die weißen und darauf die schwarzen Klebepunkte als Augen auf. Male ein Herz für die Nase auf und ergänze die Mundlinien und die Bäckchen. Die Ohren werden innen weiß ausgemalt. Am Halsansatz kannst du eine Spirale als Abschluss aufmalen.

DU BRAUCHST

- Tonkarton, DIN A5
- Farbe
- Pinsel
- Klebepunkte in Weiß, ø 13 mm
- Klebpunkte in Schwarz, ø 8 mm
- Filzstifte und/oder Acrylmarker

GRÜN:
Male dem Hasen Pünktchen um die Nase herum, Tasthaare und eine Brille auf. Verziere den Hintergrund mit bunten Konfetti-Punkten.

PINK:
Male für den Abdruck den Zeigefinger und Mittelfinger mit Farbe an. Anschließend bekommt dein Hase Wimpern und eine Schleife. Verziere den Hintergrund mit einer Wimpelkette.

ORANGE:
Male dem Hasen ein Partyhütchen auf und verziere den Hintergrund mit bunten Konfetti-Punkten.

BLAU:
Male dem Hasen einen langen Zylinder auf den Kopf.

DU BRAUCHST

- Eierschalen
- Klopapierrollen
- Papier
- Marker oder Filzstifte in Schwarz, Rosa, Blau und Weiß
- Mini-Pompon in Rot
- UHU Bastelkleber
- Wattebausch
- Samen, z.B. Kresse, Gräser oder Kräuter

Vorlagen S. 178

TIPP

Gib etwas Anzuchterde in das Ei, dann kannst du im Frühling auf der Fensterbank Gemüsepflanzen vorziehen.

EIERKÖPFE

1 Schneide die Klopapierrolle auf die von dir gewünschte Höhe. Schneide dann ein Stück Papier zu, das einmal um die Rolle passt und etwas breiter ist. Klebe es mit Klebstoff um die Rolle. Die Kanten nach innen einschlagen.

2 Gestalte die Papprolle nach Wahl und mit Hilfe der Vorlagen.

3 Male ein Gesicht auf das Ei. Das geht leichter, wenn du das Ei auf einen schmalen Ring der Papprolle legst.

4 Schneide zwei etwa 1,5 cm breite Streifen für die Beine zu, knicke sie und klebe sie unten ein. Dann schneidest du zwei halbrunde Füße zu, klebst sie unten an die Beine und faltest sie nach oben. Gib einen Wattebausch in den Eierkopf, streue ein paar Samen darauf und gieße sie an. Jetzt kannst du deinen Eierkopf auf die Papprohre setzen und den Haaren beim Wachsen zusehen.

HASE:
Schneide mithilfe der Vorlage eine Schleife zu und klebe sie auf. Schneide außerdem mithilfe der Vorlage ein Stirnband mit Hasenohren aus. Falte das Stirnband einmal der Länge nach, setze die Ohren zusammen, klebe sie an und schließe das Band zum Ring. Klebe die Füße direkt an die Rolle.

KÖNIG:
Klebe dünne, weiße Streifen aus Papier auf die Rolle. Mithilfe der Vorlagen kannst du einen runden Kragen und einen Umhang zuschneiden und aufkleben. Schneide mithilfe der Vorlage eine Krone aus und schließe sie zu einem Ring. Male den Bart auf.

CLOWN:
Klebe einen gezackten Streifen als Halsabschluss und einen Pompon als Nase auf.

SCHNURRBART:
Klebe spitze Dreiecke auf die Rolle. Fertige den Bart mithilfe der Vorlage aus Papier und klebe ihn auf.

BRILLE:
Fertige mithilfe der Vorlagen einen spitzen Kragen und klebe ihn auf. Male am Ende noch eine Brille auf.

SCHNECKEN-TREFF

1 Schneide je nach Modell das Papier für dein Schneckenhaus zurecht.

2 Bemale die Tonpapier- und Tonkartonstreifen mit den Filzstiften. Der Tonkartonstreifen bekommt am oberen Ende außerdem einen Mund. Falte ihn danach einmal in der Mitte, sodass der Schneckenkörper entsteht. Das hintere Ende kannst du mit der Schere abrunden.

3 Klebe je nach Modell den oder die Tonpapierstreifen zu Ringen zusammen. Anfang und Ende überlappen jeweils 1 cm.

4 Klebe die Ringe je nach Modell zusammen. Dann bringst du das fertige Schneckenhaus auf der Schnecke an. Klebe je zwei weiße Klebepunkte gegengleich an das Ende eines schmalen Tonpapierstreifens und klebe sie als Fühler an. Male mit schwarzem Stift die Augen auf.

DU BRAUCHST

- Tonkarton in Streifen, 3 cm breit, 18 cm lang
- Tonpapier in Streifen, 3 cm breit
- Klebepunkte in Weiß, ø 13 mm
- Filzstifte
- UHU Alleskleber

HERZSCHNECKE:
Du brauchst einen 30 cm langen Tonpapierstreifen für das Schneckenhaus. Drücke den Ring an einer Stelle nach innen und klebe die Flächen aufeinander. Gegenüber machst du einen Knick für die Spitze.

KLEEBLATTSCHNECKE:
Für das Kleeblatt brauchst du vier 18 cm lange Streifen. Klebe sie zu vier Ringen zusammen und drücke jeden Ring an einer Stelle nach innen und klebe die Flächen aufeinander. Klebe die vier Herzen danach zusammen.

BLUMENSCHNECKE:
Für die Blume brauchst du fünf 12 cm lange Streifen. Klebe sie zu Ringen zusammen und drücke sie an einer Stelle zusammen, sodass sie tropfenförmig sind. Klebe die Blütenblätter zusammen. Bringe einen Klebepunkt als Blütenmitte an.

KREISSCHNECKE:
Für die Kreise brauchst du einen 25 cm, einen 18 cm und einen 12 cm langen Tonpapierstreifen. Klebe sie zu Ringen zusammen und anschließend ineinander.

TIPP

Fixiere die Klebestellen mit Wäscheklammern, bis sie getrocknet sind.

KRESSE-GÄRTCHEN

BAUM:
Schneide die Rückwand mithilfe der Baum-Vorlage zu. Male nach dem Bekleben den Baum wie auf dem Foto an.

HAUS:
Schneide die Rückwand mithilfe der Haus-Vorlage zu. Male nach dem Bekleben das Haus wie auf dem Foto an.

BLUME:
Schneide die Rückwand mithilfe der Blumen-Vorlage zu. Male nach dem Bekleben die Blume wie auf dem Foto an.

WOLKE:
Schneide die Rückwand mithilfe der Wolken-Vorlage zu. Male nach dem Bekleben die Wolke wie auf dem Foto an und beschrifte den Garten mit deinem Namen.

KATZE:
Schneide die Rückwand mithilfe der Katzen-Vorlage zu. Male nach dem Bekleben die Katze wie auf dem Foto an.

1 Zeichne etwa 4 cm über dem Boden eine waagerechte Linie auf die Milchtüte. Das gibt die Pflanzschale. Schneide drei Seiten auf der Linie ab. Die vierte Seite lässt du für die Rückwand lang. Entferne den Rest.

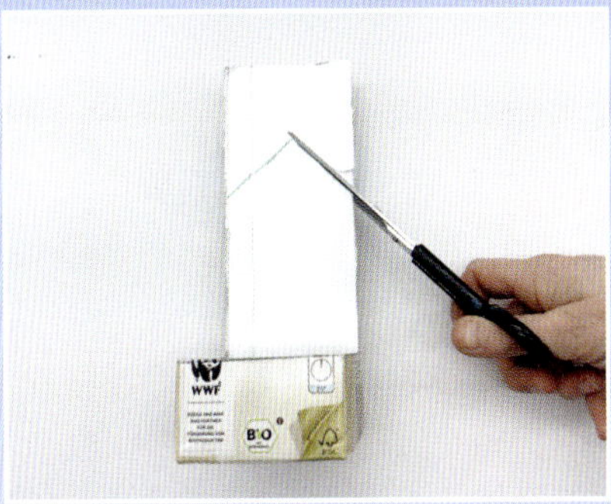

2 Beklebe die Außenseite der Pflanzschale und die Vorderseite der Rückwand mit dem Papierklebeband, damit du sie gut bemalen kannst. Die Innenschale nicht bekleben, da kommt später die feuchte Erde bzw. Watte hinein.

3 Male das Motiv auf die Rückwand. Danach bemalst du die Außenseite der Pflanzschale.

4 Gib die Blumenerde oder die Watte in die Pflanzschale. Der Rand sollte mindestens 1 cm überstehen, damit du die Erde gut gießen kannst. Dann die Samen darauf verteilen und immer schön feucht halten.

DU BRAUCHST

- leere Saft- oder Milchtüte, 7 cm x 7 cm
- Papier-Paketklebeband
- Filzstift
- Lineal
- Acrylfarbe
- Pinsel
- Blumenerde oder Watte
- Kressesamen

Vorlagen S. 174

DU BRAUCHST

- Tonpapierstreifen, 30 cm x 3 cm
- Tonpapierreste
- Marker in Weiß und Gold
- UHU Alleskleber

PARADIES-VÖGEL

1 Nimm einen Papierstreifen und mache mittig einen Knoten. Den Knoten flachdrücken.

2 Schneide das vordere Ende mit der Schere halbrund in Form, sodass der Kopf entsteht. Danach schneidest du einen spitzen Schnabel aus einem Papierrest aus und klebst ihn auf.

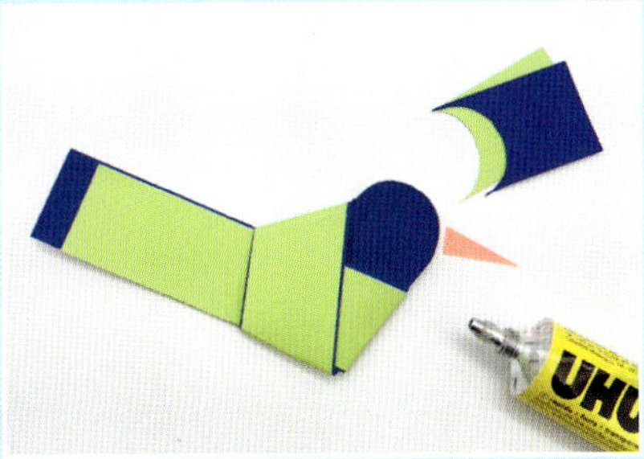

3 Schneide nun die Schwanzfedern ein.

4 Gestalte die Flügel je nach Modell. Male zum Schluss das Auge auf und verziere den Vogel mit Mustern.

GELB:

Schneide die gelben Schwanzfedern zackig ein, klebe einen orangenen Streifen dahinter und schneide ihn fransig ein. Klebe für die Flügel einen abgerundeten Papierstreifen ein. Klebe Kopffedern auf.

BLAU-GRÜN:

Nimm einen blauen und einen grünen Streifen und lege sie beim Knoten doppelt. Schneide für die Schwanzfedern den blauen Streifen zackig, den grünen fransig ein. Male den Flügel mit einem Marker auf.

ORANGE:

Für die Schwanzfedern schneidest du den Papierstreifen fransig ein und rollst ihn etwas auf. Klebe für den Flügel zwei fransig eingeschnittene Streifen ein. Klebe Kopffedern auf.

LILA:

Schneide für die Schwanzfedern mehrere Zacken ein und rolle sie etwas ein. Klebe zusätzlich einen gelben Streifen ein. Für den Flügel klebst du einen kleinen Papierstreifen ein, den du davor in Bogen eingeschnitten hast. Klebe Kopffedern auf.

ROSA:

Schneide für die Schwanzfedern eine große Zacke ein. Male die Flügel mit einem Marker auf.

BUNTE PAPPKAMERADEN

1 Übertrage die Vorlage auf den Karton und schneide die Umrisse mit einer scharfen Schere aus.

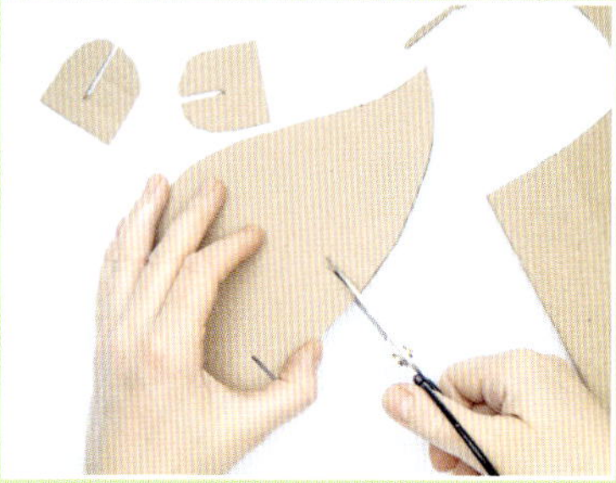

2 Verziere die Pappe nach Lust und Laune. Verwende für das Auge z. B. einen weißen Klebepunkt und male einen schwarzen Punkt hinein.

3 Zum Schluss steckst du die beiden Beine in die passenden Schlitze im Körper. Jetzt können die Tiere von allein stehen.

HASE:
Bemale den Körper (ohne Gesicht und Ohren) mit Acrylfarbe. Male nach dem Trocknen weiße Punkte auf. Klebe ein kleines Dreieck aus Papier als Nase auf. Für die Schnurrhaare steckst du drei ca. 6 cm lange Stücke Biegeplüsch durch den Karton. Am Ende klebst du einen Pompon als Schwanz auf.

IGEL:
Stanze aus verschiedenen Glitzerpapieren Kreise aus und halbiere sie. Klebe sie dann schuppenartig auf den Körper. Ein oranger Klebepunkt dient als Bäckchen. Ein kleiner rosa Pompon ist eine tolle Igelschnauze.

VOGEL:
Für die Streifen klebst du Washitape auf. Für das Gesicht schneidest du einen Kreis aus und klebst ihn aus. Klebe darauf die Augen und einen kleinen Schnabel aus Papier. Verwende für die Bäckchen orangene Klebepunkte. Für den Schwanz klebst du eine Feder auf.

MEERSCHWEINCHEN:
Schneide für die Hose buntes Papier aus und klebe es auf. Klebe für den Hosenbund einen Streifen Biegeplüsch auf. Ein rosa Klebepunkt dient als Bäckchen. Male die beiden Ohren mit einem rosa Acrylmarker an.

LEOPARD:
Klebe Washitape im Leo-Look als Streifen auf die obere Hälfte des Gesichts. Verwende für die Bäckchen orangene Klebepunkte. Ein rosa Klebepunkt dient als Nase. Male die Schnurrhaare mit einem Acrylstift auf.

DU BRAUCHST

- Versandkarton oder andere dickere Pappe
- scharfe Schere
- Klebestift
- verschiedene (Glitzer-)Papiere
- Kreisstanzer
- Klebepunkte in Weiß, Pink und Orange
- Biegeplüsch in verschiedenen Farben
- Pompons, Pailletten und Feder
- Washitape
- Acrylmarker

Vorlage S. 180/181

KÄFERALARM!

1 Wenn der Deckel einen störenden Aufdruck hat, bemalst du ihn zuerst in einer passenden Farbe. Lass die Farbe trocknen und male dann noch einmal darüber, damit die Farbe gut deckt.

2 Schneide die Flügel aus dem Tonkarton aus. Auf den Körper kannst du einen Tropfen oder einen Streifen aus Tonkarton kleben. Bemale die Teile mit den Stiften und klebe sie mit UHU Alleskleber auf.

3 Klebe nun zwei Pompons in passender Größe und Farbe auf deinen Käfer und bringe darauf zwei Wackelaugen an.

4 Zuletzt schneidest du von dem Chenilledraht sechs gleichlange Stücke ab. Drehe den Käfer auf den Rücken und klebe die Beine rechts und links ein. Das geht am schnellsten mit Heißkleber. Lass dir dabei von einem Erwachsenen helfen. Achtung: Der Metalldeckel wird an der Klebestelle ziemlich heiß.

DU BRAUCHST

- Schraubglas-Deckel
- Pompons
- Wackelaugen
- Chenilledraht
- Tonkartonreste
- Filzstifte
- Acrylmarker in Schwarz und Weiß
- Acrylfarbe und Pinsel
- UHU Alleskleber
- Heißkleber

MARIENKÄFER:

Schneide für die Flügel einen Kreis aus rotem Tonkarton aus und schneide ihn in zwei Hälften. Male dann schwarze Punkte und eine feine Linie am Rand auf. Zeichne für den Körper weiße Linien auf ein tropfenförmiges Stück Tonpapier in Schwarz.

FLIEGE:

Forme die Flügel aus Chenilledraht und klebe sie auf.

GRÜNER KÄFER:

Schneide zwei größere Flügel in Tropfenform aus hellgrünem Tonkarton und zwei kleinere Flügel aus dunkelgrünem Tonkarton aus. Klebe sie am spitzen Ende zusammen. Male mit weißem Acrylmarker eine Linie auf. Zeichne dunkelgrüne Linien auf ein tropfenförmiges Stück Tonpapier in Hellgrün. Verdrehe zwei Chenilledrähte miteinander, damit die Beine ein zweifarbiges Muster haben.

BRAUNER KÄFER:

Schneide für die Flügel einen Kreis aus braunem Tonkarton aus und schneide ihn in zwei Hälften. Male dann weiße Punkte und eine feine Linie am Rand auf. Zeichne für den Körper schwarze breite Linien auf ein tropfenförmiges Stück Tonpapier in Hellbraun.

BLAU-GELBER KÄFER:

Schneide zwei Flügel in Tropfenform aus weißem Tonkarten aus. Male dann blaue Punkte und eine feine Linie am Rand auf. Zusätzlich malst du vorne auf den Deckel einen blauen Halbkreis für das Gesicht. Zeichne für den Körper weiße Linien auf einen schmalen Streifen Tonpapier in Hellblau.

PLISSEE-TIERE

1 Falte ein Blatt Kopierpapier der entsprechenden Farbe über die kurze Seite ziehharmonikaartig auf.

2 Schneide das zusammengefaltete Papier mit einer Schere mittig durch.

3 Knicke beide Teile mittig zur Hälfte und klebe die aufeinandertreffenden Papierflächen zusammen. Klebe die beiden so entstandenen Fächer aneinander.

4 Schneide mithilfe der Vorlage den Kopfumriss aus dem Fotokarton aus, gestalte das Gesicht, klebe Wackelaugen auf und klebe den Kopf mittig flach auf die Papierrosette.

KATZE:
Male mit rosa Acrylfarbe das Innere der Ohren sowie die Backen auf. Zeichne mit einem Fineliner Nase, Mund und Schnurrhaare auf.

BÄR:
Male mit rosa Acrylfarbe das Innere der Ohren sowie die Backen auf. Zeichne dann mit einem Fineliner Nase, Mund und kleine Punkte auf die Backen auf.

KÜKEN:
Male mit orangener Acrylfarbe Backen und Schnabel auf.

HASE:
Male mit pinker Acrylfarbe das Innere der Ohren, die Backen und die Nase auf. Zeichne dann mit einem Fineliner eine Linie als Mund auf.

FROSCH:
Male mit rosa Acrylfarbe die Backen auf. Zeichne dann mit einem Fineliner den Mund und die Nasenlöcher auf.

DU BRAUCHST

- farbiges Kopierpapier in Orange, Violett, Hellgrün, Gelb und Pink, DIN A4
- Schere
- Klebestift
- Fotokarton in Orange, Violett, Hellgrün, Gelb und Pink
- Fineliner in Schwarz
- Buntstift in Rosa
- Acrylmarker in Pink und Orange
- Kleine Wackelaugen, ø ca. 4 mm

Vorlagen S. 179

SÜSSE TIERE

DU BRAUCHST

- Tonkartonreste
- Klebepunkte in Schwarz, ø 0,75 cm
- UHU Alleskleber
- Acrylmarker in Weiß und Schwarz
- kleines Geschenk oder verpackte Süßigkeit

Vorlagen S. 182/183

1 Übertrage die Vorlagen auf Tonkarton und schneide sie aus. Außerdem schneidest du ein Herz in passender Farbe aus.

2 Klebe die Teile zusammen.

3 Klebe die schwarzen Klebepunkte als Augen auf und bemale sie mit einem weißen Lichtfleck. Male entsprechende Details auf.

4 Knicke die Arme nach innen und klebe sie dort aufeinander. Dabei legst du das Herz oder eine kleine verpackte Süßigkeit ein.

KATZE:
Klebe die ausgeschnittene Schnauze auf das Gesicht. Male anschließend mit Acrylmarker Innenohren, Nase, Mund und Schnurrhaare auf.

SCHWEIN:
Klebe die ausgeschnittene Schweinenase auf das Gesicht und male zwei Nasenlöcher auf. Male anschließend mit Acrylmarker die Innenohren auf.

BÄR:
Klebe die ausgeschnittene Schnauze sowie den Bauchfleck auf. Male anschließend mit Acrylmarker Innenohren, Nase, Mund und Krallen auf.

HASE:
Klebe den ausgeschnittenen Bauchfleck auf. Male mit Acrylmarker Innenohren, Nase und Mund auf.

HUND:
Klebe den ausgeschnittenen Augenfleck auf. Male anschließend mit Acrylmarker Innenohren, Nase, Mund und Krallen auf.

SOMMER

WENN DIE SONNE LACHT

MAKRAMEE-FIGUREN

1 Fädle die Makrameefäden und die Holzperlen auf den Schlüsselring. Beachte dafür die Hinweise bei den einzelnen Modellen.

2 Knüpfe nun die Figuren: Beginne mit dem ersten Knoten auf der rechten Seite. Lege den Arbeitsfaden über die beiden Mittelfäden nach links und unter den linken Arbeitsfaden (links im Bild). Dann nimmst du den linken Arbeitsfaden und führst ihn hinter den beiden Mittelfäden nach rechts und durch die Schlaufe nach oben (rechts im Bild). Den Knoten fest anziehen.

3 Der zweite Knoten beginnt auf der linken Seite. Lege den linken Arbeitsfaden über die beiden Mittelfäden nach rechts und unter den rechten Arbeitsfaden (links im Bild). Dann führst du den rechten Arbeitsfaden hinter den beiden Mittelfäden nach links und durch die Schlaufe nach oben (rechts im Bild). Wieder fest anziehen.

4 Für die Figuren machst du insgesamt vier Knoten, für die Tiere sechs bis acht. Dabei werden die Flügel mit eingearbeitet. Schneide Flügel aus dem Filz aus und webe sie wie abgebildet vor dem Festziehen durch den Knoten.

5 Beende die Figur: Drösele die Haare mit dem Kamm auf und frisiere sie. Male mit den Stiften das Gesicht auf. Bei den Tieren die Enden mit etwas Stickgarn abbinden und abschneiden.

DU BRAUCHST

- Makrameegarn oder dickes Knüpfgarn, ca. 2x 40 cm bzw. 3x 40 cm (Fee)
- Großloch-Holzperle, ø 2,5 cm oder 2x 1,5 cm
- Schlüsselring, ø 3 cm
- Filzrest in Grau
- Stickgarn in passender Farbe
- wasserfester Filzstift in Schwarz
- Acrylmarker in Weiß und Rosa
- Bastelkleber
- Kamm

Vorlage S. 178

TIPP

Feuchte die Fäden nach dem Aufdröseln leicht an und kämme sie dann mit dem Kamm aus. Dadurch werden sie schön glatt.

FEE:

Bei Schritt 1 fädelst du den Schlüsselring auf zwei Makrameefäden. Sie formen später die Beine und den Rock. Lege zwei kurze Fäden für die Haare ein und ziehe die Enden durch eine große Perle. Danach knotest du den dritten Faden (Arbeitsfaden) um und schiebst ihn etwa 5 cm nach unten. Dieser Faden bildet später den Körper und die Arme. Drehe die Knüpfarbeit vor Schritt 2 auf den Kopf, sodass du zur Holzperle hinarbeitest. Bei Schritt 4 knüpfst du die Flügel im letzten Knoten vor der Perle ein. Zum Schluss schiebst du die Knoten dicht an die Holzperle. Verknote dann die überstehenden Enden für die Arme und Beine und kürze sie mit der Schere. Drösele die zusätzlichen beiden Fäden mit einem Kamm auf und schneide sie als Rock in Form.

JUNGE:

Bei Schritt 1 fädelst du den Schlüsselring auf einen Makrameefaden. Lege zwei kurze Fäden für die Haare ein und ziehe die Enden durch eine große Perle. Danach knotest du den zweiten Faden (Arbeitsfaden) um und schiebst ihn etwa 5 cm nach unten. Drehe die Knüpfarbeit vor Schritt 2 auf den Kopf, sodass du zur Holzperle hinarbeitest. Lasse in Schritt 4 die Flügel weg. Zum Schluss schiebst du die Knoten dicht an die Holzperle. Verknote dann die überstehenden Enden für die Arme und Beine und kürze sie mit der Schere.

LIBELLE:

Bei Schritt 1 fädelst du den Schlüsselring auf einen Makrameefaden. Ziehe eine kleine Perle auf jedes Ende. Danach knotest du den zweiten Faden (Arbeitsfaden) um und schiebst ihn dicht an die Perlen. Bereits beim ersten Knoten knüpfst du wie in Schritt 4 beschrieben die beiden schmalen Flügel ein.

ENGEL:

Bei Schritt 1 fädelst du den Schlüsselring auf einen Makrameefaden. Lege zwei kurze Fäden für die Haare ein und ziehe die Enden durch eine große Perle. Danach knotest du den zweiten Faden (Arbeitsfaden) um und schiebst ihn dicht an die Perle. Bereits beim ersten Knoten knüpfst du wie in Schritt 4 beschrieben die Flügel ein. Zum Schluss dröselst du alle vier Fadenenden mit einem Kamm auf und schneidest sie in Form.

SCHMETTERLING:

Bei Schritt 1 fädelst du den Schlüsselring auf einen Makrameefaden. Ziehe eine kleine Perle auf jedes Ende. Danach knotest du den zweiten Faden (Arbeitsfaden) um und schiebst ihn dicht an die Perlen. Bei Schritt 4 knüpfst du die Flügel im 2. Knoten ein.

FRUCHT-GIRLANDEN

1 Bemale zuerst den Pappteller mit Acrylfarbe.

2 Schneide den Teller einmal in der Mitte durch. Die beiden Hälften schneidest du dann noch mal in drei Teile. Insgesamt hast du nun sechs Frucht-Dreiecke.

3 Nun malst du mit Acrylmarkern noch Details auf wie Kerne, Fruchtfleisch oder eine kontrastfarbige Schale auf.

4 Loche jedes Dreieck links und rechts mit einem kleinen Loch.

5 Ziehe ein Baumwollgarn von vorne nach hinten durch die Löcher aller Dreiecke – so dass der Faden über die Rückseiten weiterläuft.

DU BRAUCHST

- Pappteller
- Acrylfarbe in verschiedenen Farben
- Pinsel
- Schere
- Acrylmarker in verschiedenen Farben
- Lochzange oder Locher
- Baumwollgarn

WEITER GEHT'S AUF DER NÄCHSTEN SEITE

MELONE:
Male den Rand grün an, lasse einen schmalen Streifen weiß, der Rest wird Rot angemalt. Male nach dem Trocknen Kerne auf.

LIMETTE:
Male auf den Teller gelbe Dreiecke als Zitronenspalten und einen gelben Rand rundum. Nach dem Trocknen malst du mit hellerem Acrylmarker noch Streifen in die Spalten. Male mit einem hellgrünen Stift einen dünnen Rand.

ORANGE:
Die Orange wir genauso gearbeitet wie die Limette, nur in Orangetönen.

APFEL:
Male nur den Rand des Tellers rot an. Zerschneide ihn nach dem Trocknen in sechs Teile und male mit einem schwarzen Stift in jede Dreieckspitze zwei Kerne.

KIWI:
Male bis auf einen schmalen braunen Rand und einem weißen Kreis in der Mitte den gesamten Teller grün aus. Nach dem Trocknen malst du mit einem schwarzen Stift viele kleine Punkte auf die grüne Fläche.

OBST-SCHALEN

DU BRAUCHST

- Zeitungspapier
- Kleister
- Schalen oder Tassen in gewünschter Größe
- Acrylfarbe
- Pinsel
- Schere

1 Den Kleister nach Rezept in einer kleinen Schale anrühren und die Zeitung in Schnipsel reißen. Danach bestreichst du die Schnipsel mit den Fingern mit Kleister und klebst sie in die Schale. Achte darauf, dass sich die Schnipsel überlappen. Mindestens fünf Lagen aufbringen. Danach alles gut trocknen lassen.

2 Nach etwa einem Tag kannst du deine Papierschale ausformen. Sie muss dazu ganz trocken sein. Löse vorsichtig den Rand und nimm die Schale aus dem Gefäß. Den Rand mit der Schere gerade abschneiden.

3 Als nächstes grundierst du die Papierschale innen und außen mit weißer Farbe. Dadurch leuchten die Farben nachher schöner. Verdünne die Acrylfarbe etwas mit Wasser, damit sie sich leichter verteilen lässt. Danach gut trocknen lassen.

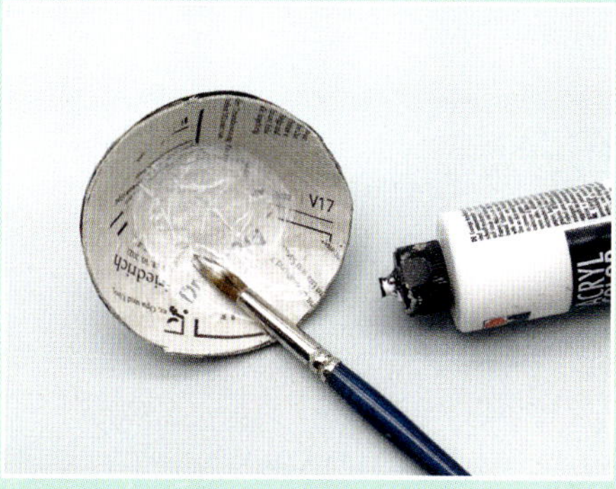

4 Bemale die Schalen nun nach deinen Wünschen. Gut trocknen lassen.

WEITER GEHT'S AUF DER NÄCHSTEN SEITE

ORANGE:
Bemale die Schale außen und innen orange. Wenn die Farbe trocken ist, ergänzt du den schmalen weißen Rand und die acht Trennlinien.

ZITRONE:
Bemale die Schale außen und innen gelb. Wenn die Farbe trocken ist, ergänzt du den schmalen weißen Rand und die acht Trennlinien.

WASSERMELONE:
Die Melone ist außen grün mit hellgrünen Streifen und hat innen einen breiten grünen Rand. Im Innern malst du sie rot an. Lasse einen schmalen weißen Streifen zwischen Rot und Grün. Zum Schluss die dunkelbraunen Kerne aufmalen.

KIWI:
Die Kiwi ist außen olivgrün und hat innen einen olivgrünen Rand. Der Rest ist hellgrün und gelbgrün mit dunkelbraunen Punkten.

APFEL:
Der Apfel ist außen rot und hat innen einen schmalen roten Rand. In seiner Mitte liegen fünf braune Kerne, die wie ein Stern angeordnet sind.

TIPP

Eine Schicht Klarlack macht deine Schale haltbarer.

GEFRÄSSIGE FISCHE

1 Schneide mithilfe der Vorlagen die einzelnen Teile für deinen Fisch aus dem Tonkarton aus. Den weißen Streifen für die Zähne schneidest du im Zickzack ein.

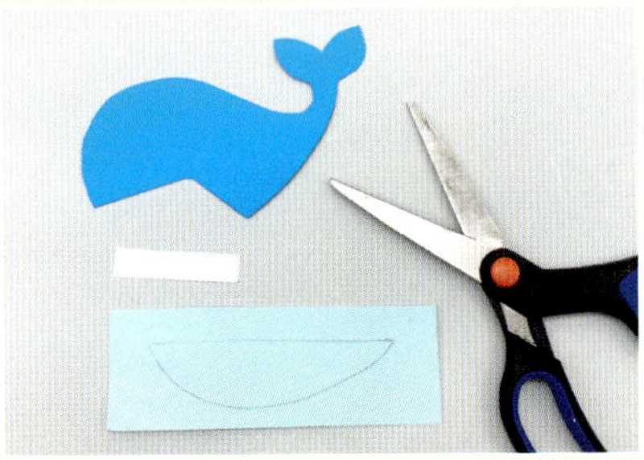

2 Klebe die Zähne von hinten an das Unterteil des Fisches. Bring einen weißen Klebepunkt als Auge an, male eine schwarze Pupille auf und setze einen weißen Lichtpunkt. Verziere alles mit dem weißen Marker

3 Bestreiche das untere Teil der Wäscheklammer am vorderen Ende mit Klebstoff und klebe das untere Teil des Fisches auf. Lass den Klebstoff kurz antrocknen. Bestreiche dann das obere Teil der Klammer und klebe das obere Teil deines Fisches auf. Achte darauf, dass der Mund ganz geschlossen ist. Gut andrücken und trocknen lassen.

4 Wenn du die Klammer hinten zusammendrückst, sperrt dein Fisch nun das Maul auf. Wenn du magst, kannst du einen Fisch oder ein Boot ausschneiden, mit den Stiften bemalen und hinter der unteren Zahnreihe aufkleben.

DU BRAUCHST

- Holzwäscheklammer
- Tonkarton
- UHU Alleskleber
- Klebepunkte in Weiß, ø 13 mm
- Acrylmarker in Schwarz und Weiß
- Chenilledraht, 10 cm, und Mini-Pompon in Gelb

Vorlagen S. 184/185

HAI:

Klebe zusätzlich die Rückenflosse und die Schwanzflosse an das Oberteil.

WAL:

Schneide den Streifen für die Zähne fransig ein, sodass die Barten entstehen.

ANGLERFISCH:

Klebe zusätzlich die Rückenflosse und die Schwanzflosse an das Oberteil. Der Mund bekommt oben und unten eine rote Lippe. Klebe außerdem noch den Chenilledraht und den Pompon als Laterne an.

PIRANHA:

Klebe die Rückenflosse und die Schwanzflosse an das Oberteil. Achte beim Aufkleben des Oberteils darauf, dass der große Zahn vorn am Unterkiefer übersteht.

DU BRAUCHST

- leere, saubere, nicht zu harte Plastikflasche
- Knick-Strohhalm aus Plastik
- ca. 5 Büroklammern
- Acrylmarker
- Wackelaugen
- alte Plastikverpackung
- Plastikgeschenkband
- Baumwolle passend zur Farbe des Strohhalms
- Heißklebepistole und Stick

WASSERWIRBLER

1 Knicke den Strohhalm an der Knickstelle zusammen und schneide die lange Seite des Strohhalms passend zur kurzen.

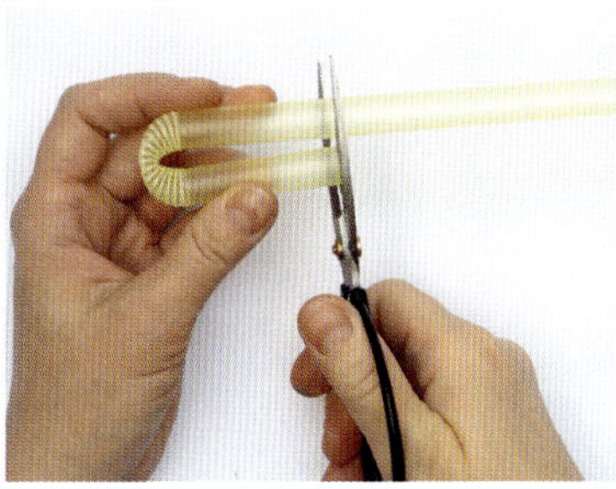

2 Klemme die beiden offenen Strohhalmenden mit einer Büroklammer zusammen und hänge drei weitere Büroklammern in eine Kette.

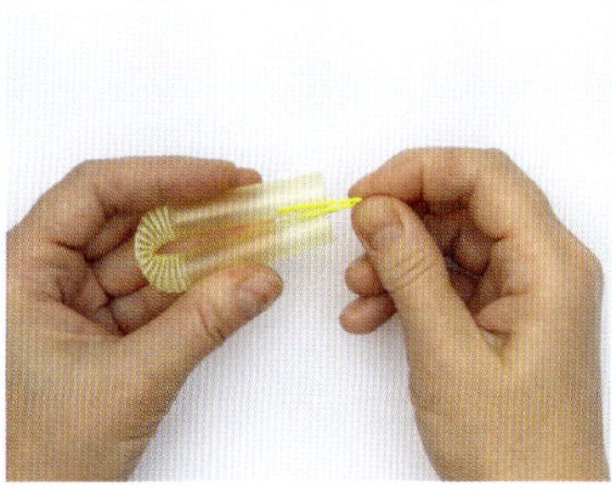

3 Klebe die Wackelaugen mit Heißkleber auf den Strohhalm und male die Backen auf.

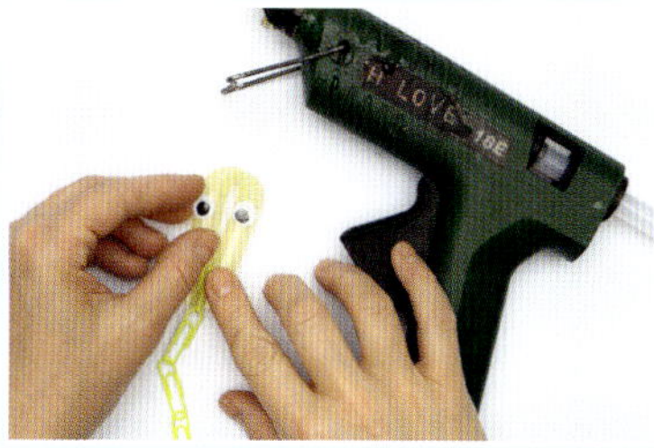

4 Fülle die Plastikflasche – nicht ganz voll – mit Wasser und stecke den Wasserwirbler hinein. Schraube den Deckel auf die Flasche. Wenn du nun die Flasche zusammendrückst, bewegt er sich auf und ab.

BLAU:
Stecke ein Stück Strohhalm als Nase zwischen die beiden Strohhalmhälften.

PINK:
Statt der drei Büroklammern knotest du ein gekringeltes Plastikgeschenkband in die Klammer. Klebe buntes Tape auf eine alte Plastikverpackung, schneide ein Herz aus, klebe Wackelaugen auf und klebe es auf den Knick.

ORANGE:
Klebe buntes Tape auf eine alte Plastikverpackung und schneide ein Kreis mit Zacken aus. Male mit Acrylmarkern das Gesicht auf das Plastik und klebe es auf den Knick.

GELB:
Binde für die Haare ein paar Baumwollfäden mit einem Faden in den Knick.

MINI:
Nimm einen kleineren Strohhalm und klebe nur ein Auge auf den Knick in der Mitte. Außerdem hängst du unten nur zwei weitere Büroklammern ein.

KAKTEEN
MIT HAND UND FUSS

1 Lege deinen Fuß oder deine Hand auf einen grünen Tonkarton und umfahre die Kontur mit einem Bleistift. Danach schneidest du die Form aus.

2 Schneide mit Hilfe der Vorlage einen Blumentopf mit Rand aus braunem Tonkarton aus. Dann klebst du den Rand auf den Topf und den Topf von vorn auf den Kaktus.

3 Bemale deinen Kaktus. Lass dich für die Stacheln von den Mustern auf den Fotos inspirieren.

DU BRAUCHST

- Tonkarton in Grün- und Brauntönen, ca. A5
- Tonkartonreste in Gelb oder Rosa
- Acrylmarker in Weiß, Schwarz und Rosa
- Klebestift
- Motivstanzer: Blüte
- Vorlage S. 183

GROSSER KAKTUS FUSS:

Schneide zwei Füße aus, bemale sie und klebe sie versetzt aufeinander. Stanze für jede Blüte zwei Blüten aus. Drücke die Blütenblätter etwas zusammen und klebe sie ineinander. Die Blüten auf den Kaktus kleben.

GROSSER KAKTUS HÄNDE:

Zeichne zwei Hände auf und schneide beide aus. Klebe beide Formen etwas versetzt übereinander.

FUSS:

Stanze zwei Blüten aus. Drücke die Blütenblätter etwas zusammen und klebe sie ineinander. Die Blüte auf den Kaktus kleben.

HAND:

Male deinem Kaktus ein Gesicht auf und bringe eine Blüte an. Schneide dazu zwei Kreise aus Tonkarton aus und schneide sie am Rand fransig ein. Die Fransen etwas zusammendrücken und beide Teile ineinanderkleben.

DAUMEN

Zeichne nur deinen Daumen nach und schneide die Form aus. Verkleinere der Tontopf etwas, sodass er zur Größe des Daumens passt.

FÄCHER

1 Falte das Papier von einer schmalen Kante zur anderen im Zickzack. Die einzelnen Faltabschnitte sind etwa 2 cm breit. Mache die Faltabschnitte bei A5 Papier etwas schmaler. Danach faltest du das zweite Papier genauso.

2 Klebe die beiden Papiere nun zu einem langen Streifen zusammen. Bestreiche dazu die beiden letzten Faltabschnitte des einen Papiers mit Klebstoff und klebe sie auf die beiden letzten Faltabschnitte des anderen. Achte darauf, dass der Zickzack ohne Unterbrechung fortgeführt wird.

3 Nun kannst du deinen Fächer gestalten. Berücksichtige dabei, dass die unteren 5 cm des Papierstreifens später in die Wäscheklammer gesteckt werden und nicht zu sehen sind.

4 Stecke das untere Ende in die Wäscheklammer und klebe es bei Bedarf fest. Dann wickelst du etwas Wolle darum und machst einen festen Knoten. Verziere den Fächer nach Wunsch weiter mit kleinen Quasten (siehe Seite 154) oder Pompons.

BÄR:

Streiche nach dem Falten das Papier gerade. Schneide zwei Ohren mithilfe der Vorlage aus Papier aus und klebe sie an. Falte das Papier wieder zusammen – die Ohren werden nun mitgefaltet.

REGENBOGEN:

Streiche das Papier nach dem Falten wieder glatt und male mit Wasserfarben einen Regenbogen auf.

GRÜN:

Runde nach dem Falten eine obere Ecke mit der Schere ab und schneide an der Seite ein kleines Dreieck aus dem gefalteten Papierstapel.

GESICHT:

Streiche das Papier nach dem Falten wieder glatt und male mit Wasserfarben ein Gesicht auf.

DU BRAUCHST

- Schreibpapier, 2x DIN A4 oder 2x DIN A5 und Rest
- Rundkopfwäscheklammer oder Holzwäscheklammer
- Wolle
- Pompons
- Wasserfarben
- Pinsel
- Klebestift

Vorlage S. 194

TIPP

Male die Gesichter erst mit Bleistift auf einer Hälfte vor und schau, wie es auf dem gefalteten Fächer wirkt. Lege das Papier dann doppelt und Pause die Linien auf die andere Hälfte durch. So bekommst du ein perfektes Gesicht.

1 Schneide das obere und das untere Drittel der Plastikflasche mit dem Cutter vorsichtig ab. Lass dir hierbei von einem Erwachsenen helfen..

2 Schneide aus den Seitenwänden der Flaschenteile mit der Schere Blütenblätter.

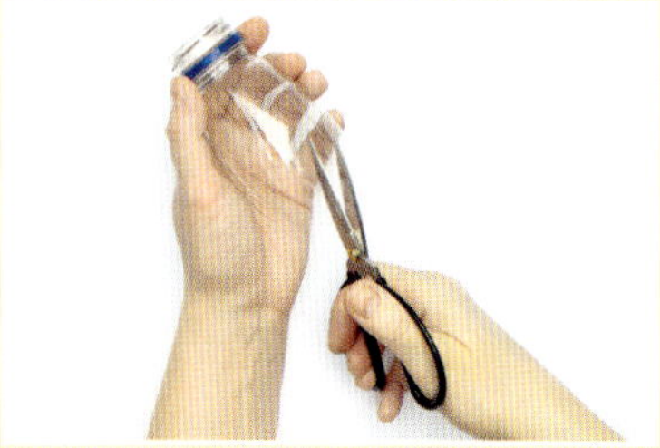

3 Sprühe die Plastikblüte und den Deckel mit Sprühlack an. Male nach dem Trocknen die Blüte mit verschiedenen Acrylmarkern an.

4 Schneide mit dem Cutter ein Kreuz in den Flaschendeckel (oder Flaschenboden) und stecke ein Birnchen der Lichterkette durch das Kreuz. Lass dir auch hier von einem Erwachsenen helfen.

5 Schraube den Deckel wieder auf den Flaschenhals.

DU BRAUCHST

- Plastikflaschen, sauber und leer
- Cutter
- scharfe Schere
- Sprühlack in verschiedenen Farben
- Acrylmarker in verschiedenen Farben
- Lichterkette

FLOWERPOWER LICHTER-KETTE

STREIFENBLÜTE:
Verwende das obere Flaschenende und schneide für die Blütenblätter viele schmale Streifen ein.

SPITZE BLÜTE
Verwende das obere Flaschenende und schneide für die Blütenblätter spitze Zacken ein.

ROSA-ROTE BLÜTE:
Verwende das untere Flaschenende und schneide viele schmale, runde Blütenblätter ein. Das Kreuz für die Glühbirne muss hier eventuell mit einem Bohrer gebohrt werden. Ist das Loch zu groß geraten, kannst du von vorne und von hinten einen Moosgummikreis mit Schlitz über das Loch legen.

ROTE BLÜTE:
Verwende das obere Flaschenende und schneide breite, runde Blütenblätter ein.

ROSA BLÜTE:
Verwende das untere Flaschenende und schneide wenige, dafür breite, runde Blütenblätter ein. Das Kreuz für die Glühbirne muss hier eventuell mit einem Bohrer gebohrt werden. Ist das Loch zu groß geraten, kannst du von vorne und von hinten einen Moosgummikreis mit Schlitz über das Loch legen.

EISTÜTEN

1 Fädle den Anfang des Wollfadens von oben nach unten durch die Strickliesel. Schlinge das obere Ende des Wollfadens (Lauffaden) im Uhrzeigersinn um einen Zapfen, sodass eine Schlaufe entsteht. Führe den Faden dann zum Zapfen rechts daneben und lege wieder eine Schlaufe. Das wiederholst du noch zweimal, bis alle vier Zapfen eine Schlaufe (Masche) haben.

2 Zum Stricken nimmst du die Strickliesel in die linke Hand. Lege den Lauffaden oberhalb der Masche vor den ersten Zapfen. Nimm die Masche mit der Stricknadel auf, hebe sie über den Lauffaden und über den Zapfen und lege sie in der Mitte ab. Auf dem Zapfen liegt nun eine neue Masche. Danach drehst du die Strickliesel ein Stück weiter, sodass der Zapfen rechts daneben zu dir zeigt.

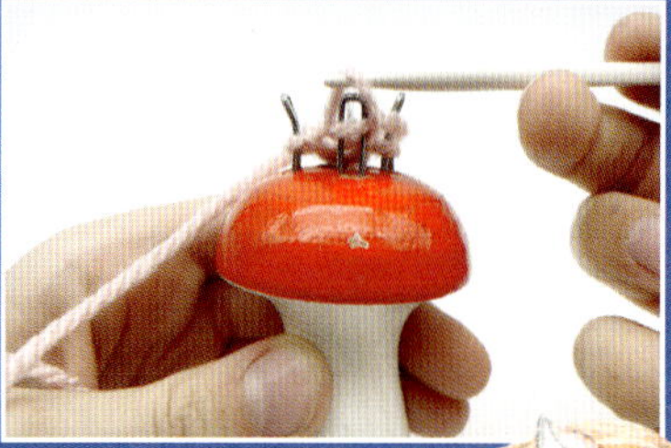

3 Stricke die Masche wie beschrieben ab und drehe die Strickliesel wieder ein Stück. So geht es immer weiter, bis die Strickschnur 50 cm lang ist. Schneide den Faden am Wollknäul ab und ziehe ihn nacheinander durch die vier Maschen auf den Zapfen. Danach kannst du die Strickliesel entfernen.

4 Schneide aus dem Eierkarton eine große Spitze als Eistüte aus und gib etwas Watte hinein. Klebe dann die Strickschnur am Rand der Eistüte fest, rolle sie wie ein Schneckenhaus auf und klebe sie Runde für Runde mit dem Heißkleber auf. Das Fadenende an der Spitze im Eis verstecken.

DU BRAUCHST

- Wolle in verschiedenen Farben
- Strickliesel mit Stricknadel
- 2 Klopapierrollen
- Eierkarton in Beige
- Watte
- Heißkleber

TIPP

Ziehe beim Stricken zwischendurch unten am Faden, der aus der Strickliesel hängt, damit die Maschen nach unten wandern.

ERDBEER-HIMBEER-EIS:
Rolle zwei 25 cm lange Strickschnüre zusammen zum Schneckenhaus auf und klebe sie, wie in der Anleitung beschrieben, fest.

ERDBEER-EIS:
Wickle eine Strickschnur in rosa spitz nach oben und klebe sie, wie in der Anleitung beschrieben, fest.

VANILLE-EIS:
Wickle einen Pompon wie auf Seite 162 beschrieben und schneide ihn in Form. Nimm dabei hell- und dunkelgelbe Fäden auf einmal.

PISTAZIEN-EIS:
Wickle einen Pompon wie auf Seite 162 beschrieben und schneide ihn in Form. Für das Sahnehäubchen klebst du eine 15 cm lange weiße Strickschnur schneckenförmig auf die Eiskugel

BROMBEER-LAVENDEL-EIS:
Wickle einen Pompon wie auf Seite 162 beschrieben und schneide ihn in Form. Klebe noch eine zweite, etwas kleinere Pompon-Eiskugel drauf.

DU BRAUCHST

- PET-Flaschen mit geradem Rand oder Tetrapak®
- Tonpapier
- Seidenpapier
- Krepppapier
- Wolle
- Klebestift
- Klebefilm
- Prickelnadel
- dicke Nähnadel mit großem Öhr

BUNTE LAMPIONS

1 Schneide das obere Ende der Flasche oder des Tetrapaks® ab. Am Tetrapak® außerdem an jeder Seite ein Rechteck ausschneiden, sodass vier Lichtfenster entstehen. Danach beklebst du die Flasche oder den Tetrapak® mit einem passenden Stück Seidenpapier.

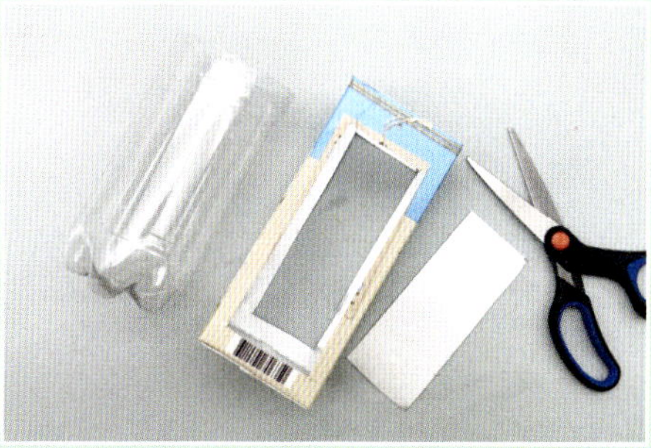

2 Für die Fransen-Lampions schneidest du Krepppapierstreifen an einer Kante fransig ein und klebst sie auf.

3 Für die bauchigen Lampions schneidest du Tonpapier in passender Größe zu und schneidest die Streifen ein.

4 Die Tonpapierstücke um den Lampion kleben. Danach kannst du zum Aufhängen mit der Prickelnadel zwei Löcher in den Rand deines Lampions stechen. Ziehe einen Aufhängefaden durch und verknote die Enden.

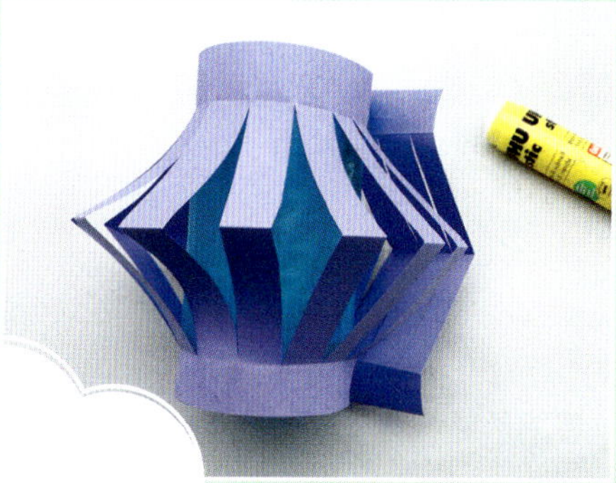

TIPP

Bitte die Lampions nur mit LED-Teelichtern beleuchten.

WEITER GEHT'S AUF DER NÄCHSTEN SEITE

ROSA FRANSEN-LAMPION:
Schneide acht Krepppapierbänder in verschiedenen Farben fransig ein und klebe sie von unten nach oben überlappend auf das Seidenpapier. Als Abschluss einen Tonpapierstreifen um den oberen Rand kleben.

GELBER FRANSEN-LAMPION:
Schneide vier Krepppapierbänder fransig ein und klebe sie im gleichmäßigen Abstand auf das Seidenpapier.

LILA LAMPION:
Schneide ein Tonpapierstück zu, das einmal um den Lampion passt und etwas höher als der Lampion ist. Falte die Längskanten etwa 1 cm breit um und öffne sie wieder. Dann faltest du die beiden Längskanten aufeinander und schneidest die Faltkante wie in Schritt 3 in Streifen. Das Tonpapier wie in Schritt 4 um den Lampion kleben. Danach den Lampion oben und unten mit fransigen Krepppapierstreifen und schmalen Tonpapierstreifen verzieren.

ORANGER LAMPION:
Schneide ein Tonpapierstück zu, das einmal um den Lampion passt und etwas höher als der Lampion ist. Falte die Längskanten etwa 1 cm breit um und öffne sie wieder. Dann schneidest du das Tonpapier zwischen den Faltlinien wie in Schritt 3 in Streifen und klebst es wie in Schritt 4 um den Lampion. Verziere den Lampion oben mit einem gewellten Tonpapierstreifen. Unten klebst du einen fransigen Krepppapierstreifen und einen schmalen Tonpapierstreifen auf.

DOPPELTER LAMPION:
Gehe wie beim orangen Lampion vor, schneide aber zwei unterschiedlich breite Tonpapierstücke zu. Beim unteren Tonpapierstück schneidest du unterschiedliche breite Streifen ein. Beide Streifen wie in Schritt 4 um den Lampion kleben und den Lampion zum Schluss mit Fransenbändern aus Krepppapier und schmalen Tonpapierstreifen verzieren.

DU BRAUCHST

- Holzlöffel und -gabeln, Eisstiele und Mundspatel
- große, scharfe Schere
- Seitenschneider
- Lochzange
- Flüssigklebstoff
- (Wäsche-)Klammern
- Acrylmarker in verschiedenen Farben
- Wackelaugen
- dünne Kordel

EISSTIEL-KETTEN

1 Schneide die Holzteile in passende Stücke.

2 Knipse mit der Lochzange vorsichtig Löcher in die Elemente, an denen die Kette aufgefädelt werden soll. Zum Beispiel in die „Ohren" oder mittig oben.

3 Klebe die Elemente mit flüssigem Kleber zusammen und fixiere sie an den Klebestellen mit einer (Wäsche-)Klammer, bis der Kleber ausgehärtet ist.

4 Male deinen Anhänger mir Acrylmarkern nach Lust und Laune an. Klebe dann Wackelaugen auf das Gesicht.

5 Fädle eine dünne Kordel durch die Löcher und verknote sie zu einer Kette. Achte darauf, dass die Kette lang genug ist, damit du sie dir über den Kopf ziehen kannst.

PFLASTER:
Kürze einen Holzspatel und runde die Ecken ab.

HASE:
Kürze den Spatel auf beiden Seiten und klebe dünnere, gekürzte Eisstiele als Ohren von hinten an.

HERZ:
Klebe zwei angeschrägte Holzspatel aufeinander.

VOGEL:
Kürze einen Holzspatel, schneide einen dünnen Eisstiel in zwei Teile und klebe sie als Beine unten an den Spatel. Klebe für den Schnabel einen dünnen, gekürzten Eisstiel mittig auf.

FANTASIEFIGUR:
Klebe die Zacken einer Holzgabel an die Rundung eines kleinen Holzlöffels. Das spitze Ende klebst du als Schnabel dazu.

PIXELBILDER

1 Grundiere den Untergrund nach Bedarf und male ihn in einer hellen oder pastelligen Farbe an.

2 Tupfe die Punkte aus Acrylfarbe mit dem Finger auf.

3 Wenn die Farbe trocken ist, mit Acrylmarker, Stoffmalstift oder Tonkarton die Motive ergänzen.

BÄR:
Tupfe die Punkte frei Hand als steilen Hügel auf. Schneide nach dem Trocknen die Schnauze und die Ohren aus Tonkarton aus, bemale sie wie abgebildet und klebe sie auf. Die Augen mit den Klebepunkten anbringen.

SCHAF:
Tupfe die Punkte frei Hand als Kreis auf. Male nach dem Trocknen zwei Beine auf und schneide das Gesicht aus Tonkarton aus. Bemale es wie abgebildet und klebe es auf.

PUSTEBLUME:
Tupfe die Punkte frei Hand als luftigen Ring auf. Male nach dem Trocknen einen Stängel, eine runde Blütenmitte, Linien und eventuell ein sternförmiges Schirmchen auf.

SCHMETTERLING:
Schneide das Motiv aus Papier aus und lege es als Schablone auf die Postkarte. Das umliegende Papier dabei nicht zerschneiden! Klebe die Schablone mit Klebefilm an der Arbeitsfläche fest, damit sie nicht verrutscht, und tupfe das Motiv mit den Punkten aus. Male nach dem Trocknen den Körper und Fühler auf.

HERZ:
Schneide ein Herz aus Papier aus. Lege es auf den Beutel und halte es mit einer Hand gut fest. Tupfe dann mit der anderen Hand die Punkte auf.

DU BRAUCHST

- Mini-Keilrahmen, 10 cm x 10 cm
- Tortenteller aus Pappe, 13 cm x 20 cm
- Postkarte in Weiß, 14, 5 cm x 10,5 cm
- Malkarton in Weiß, 10 cm x 10 cm
- Baumwollbeutel in Weiß, 10,5 cm x 15 cm
- Acrylfarbe
- Acrylmarker bzw. Textilmarker in Schwarz
- 2 Klebepunkte in Weiß, ø 1,5 cm, und in Schwarz, ø 0,75 cm
- Tonkartonrest in Braun oder Lila
- UHU Alleskleber
- Klebefilm

Vorlage S. 183

PARTY-FAVOURS

1 Male die Teller entsprechend des Motivs mit Acrylfarbe an.

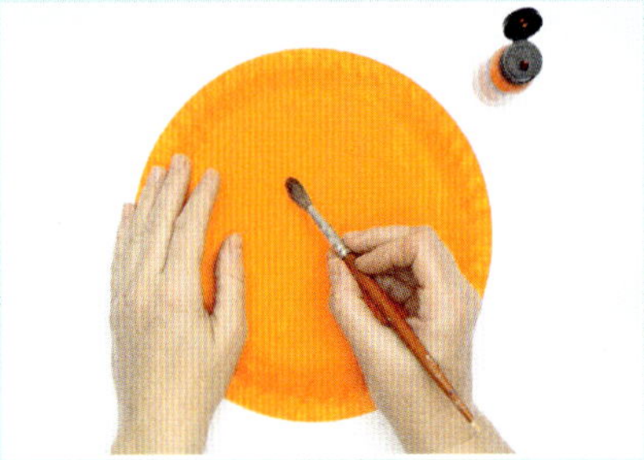

2 Übertrage die Vorlagen und schneide sie aus.

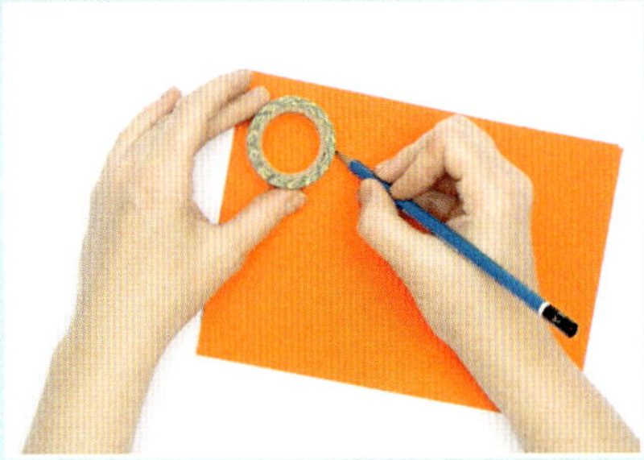

3 Knicke nun die Teller einmal mittig zusammen und klebe die Tellerränder aufeinander.

4 Male nun die Gesichter auf. Du kanns die Augen entweder aufmalen oder Wackelaugen verwenden.

DU BRAUCHST

- Pappteller
- Acrylfarbe (alle Regenbogenfarben)
- Pinsel
- Biegeplüsch in Orange und Gelb
- Fotokarton in Orange, Gelb und Braun
- 3 Federn in Blautönen
- Wackelaugen in verschiedenen Größen
- Heißklebepistole & Sticks
- Schere

Vorlagen S. 184

SONNE:
Male den Teller gelb an. Klebe bei Schritt 3 zehn Streifen (1,5 cm x 8 cm) gelben Fotokarton zwischen die Tellerseiten.

REGENBOGEN:
Falte und klebe zuerst den Teller zusammen, bevor du einen Regenbogen auf beiden Seiten aufmalst.

SCHILDKRÖTE:
Male den Teller grün an. Schneide mit Hilfe der Vorlagen Kopf und vier Beine aus braunem Fotokarton aus. Für den Schwanz schneidest du ein weiteres Bein etwas spitz zu. Klebe alles bei Schritt 3 zwischen die Tellerseiten.

HUHN:
Male den Teller hellblau an. Schneide ein spitzes Dreieck als Schnabel aus gelbem Fotokarton aus Klebe ihn in Schritt 3 auf der einen Seite zwischen die beiden Tellerseiten. Auf der anderen Seite klebst du die Federn dazwischen. Bringe unten gelben Biegeplüsch als Beine an.

KREBS:
Male die Rückseite des Tellers orange an. Schneide mit Hilfe der Vorlagen zwei Krabbenscheren und zwei Augen aus orangenem Fotokarton aus. Klebe in Schritt 3 links und rechts drei ca. 8 cm lange Stücke orangenen Biegeplüsch mit der Heißklebepistole zwischen die beiden Tellerseiten ein. Klebe die Scheren an je ein ca. 12 cm langes Stück Biegeplüsch und klebe sie mit den Augen an die geknickte Seite des Tellers.

SCHLANGEN

1 Entscheide dich für eine der Schlangen und fertige mit dem Chenilledraht das Muster des Schlangenkörpers.

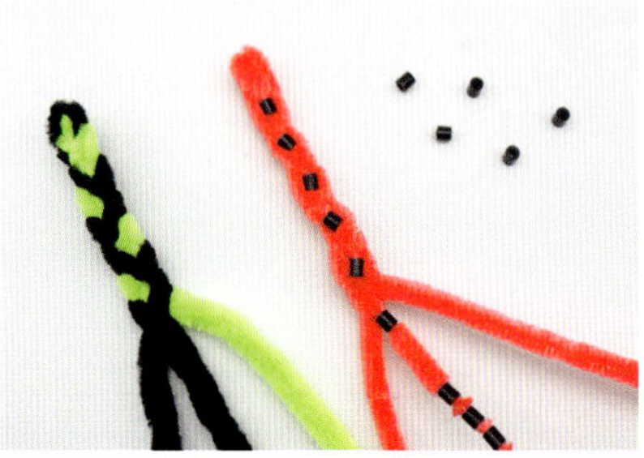

2 Verdrehe die Chenilledraht-Enden miteinander. Dann klebst du einen Pompon als Kopf auf . Schneide aus Filz eine kleine gespaltene Zunge aus und klebe sie zusammen mit den Wackelaugen an den Kopf.

3 Bringe deine Schlange in Form. Biege sie dazu in Bögen nach rechts und links oder rolle das Ende zur Spirale auf und biege den Kopf in die Höhe.

DU BRAUCHST

- Chenilledraht
- Pompon
- 2 Wackelaugen
- Bastelfilzreste
- Bügelperlen in Schwarz
- Stift
- UHU Alleskleber

ORANGE:
Wickle einen Chenilledraht dicht um einen Stift. Entferne den Stift und ziehe den Draht in die Länge.

GRÜN:
Verdrehe einen grünen und einen neongrünen Chenilledraht miteinander.

SCHWARZ-GELB:
Verdrehe zwei schwarze und einen neongelben Draht am oberen Ende und flechte einen Zopf, indem du im Wechsel den rechten und den linken Draht zur Mitte legst.

PINK:
Verdrehe drei pinkfarbene Drähte am oberen Ende und flechte einen Zopf, indem du im Wechsel den rechten und den linken Draht zur Mitte legst. Ziehe schwarze Bügelperlen auf einen der drei Drähte. Immer, wenn du diesen Draht zur Mitte gelegt hast, schiebst du eine Perle nach oben zum Zopf.

GELB-ORANGE:
Verdrehe zwei gelbe und zwei orange Chenilledrähte am oberen Ende. Sortiere sie, sodass die gelben Drähte außen liegen. Nimm die gelben Drähte und lege sie so in die Mitte, dass sie sich dort kreuzen. Dann nimmst du die orangen Drähte und legst sie ebenso zur Mitte, dann wieder die gelben und so weiter.

SCHIFF, AHOI!

1 Entferne den Ausguss des Tertapaks und verschließe die Öffnung mit Papierklebeband. Dann schneidest du an der späteren Oberseite die Öffnung ein.

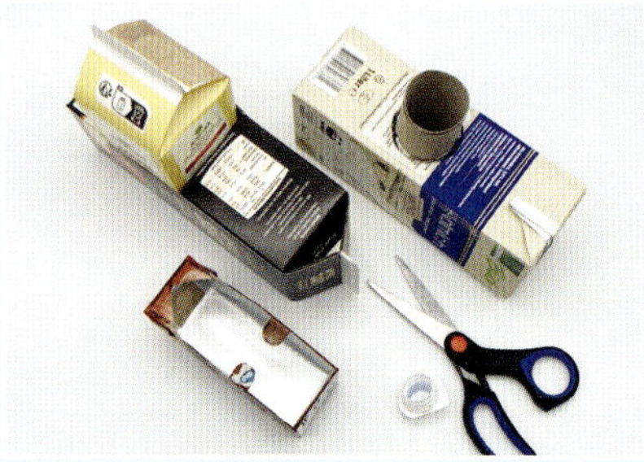

2 Füge nun je nach Modell die einzelnen Bauteile zusammen, indem du sie in die Öffnungen steckst und mit Klebstoff verbindest. Danach beklebst du den Tetrapak® außen mit Papierklebeband, damit die Farbe besser hält, und malst alles an.

3 Fertige die zusätzlichen Details an, die du für dein Schiff oder Boot brauchst.

4 Bringe die zusätzlichen Details an und stelle dein Schiff oder Boot fertig.

RUDERBOOT:

Lass rechts und links an der Öffnung eine Lasche für die Ruder stehen und mache jeweils ein Loch hinein. Für die Sitzbänke klebst du zwei Pappstreifen ein. Schneide die Paddelblätter aus Pappe zu und klebe sie an die Cakepop-Stäbchen.

SEGELBOOT:

Lass vorn eine Fläche für den Mast stehen. Schneide das Segel aus Stoff zu und klebe es an das Schaschlikstäbchen. Mach ein Loch in die vordere Fläche und stecke den Mast ein. Er hält besser, wenn du das untere Ende in einen Plastikdeckel steckst und am Boden festklebst.

U-BOOT:

Mach oben ein Loch in den Tetrapak®, klebe die Pappröhre ein und verschließe sie oben mit Pappe. Mache in die beiden Plastikdeckel ein Loch. Schneide die Schiffsschraube aus Pappe zu und bringe sie mit einer Musterbeutelklammer an einem der Deckel an. In den zweiten klebst du das obere Ende des Trinkhalms. Beide Teile auf das U-Boot kleben.

DU BRAUCHST

- Tetrapaks®
- Papprollen
- Pappreste
- 2 Cakepop-Stäbchen
- 2 Plastikdeckel, z.B. von den Tetrapaks®
- Farbe
- Pinsel
- UHU Bastelkleber

Vorlagen S. 179

DAMPFER:

Mach oben zwei Löcher in den Tetrapak® und klebe die beiden Pappröhren ein. Schneide sie dazu auf die gewünschte Länge.

FISCHKUTTER:

Mach oben ein passendes Loch in den Tetrapak und klebe einen zweiten Tetrapak als Führerhaus ein. Den zweiten Tetrapak® schneidest du dazu zuvor auf die passende Höhe. Danach die Fenster einschneiden.

KLAMMER-FIGUREN

DU BRAUCHST

- Rundkopfwäscheklammern
- Pompons in verschiedenen Größen
- Moosgummi
- Chenilledraht, ø 5-6 mm
- Bürolocher
- UHU Bastelkleber
- Filzstifte
- Acrylmarker in Weiß

1 Male mit Filzstiften und Marker zwei Augen, einen Mund und zwei Bäckchen als Gesicht auf. Die Haare kannst du ebenfalls aufmalen. Danach malst du die Kleidung mit den Farben auf.

2 Wenn du magst, kannst du deine Figur nun weiter frisieren.

3 Lege für die Arme einen etwa 50 cm langen Chenilledraht um den Hals und verdrehe ihn auf der Rückseite. Die Enden für die Hände einrollen und die Arme in Form biegen.

4 Verziere deine Figur nun noch mit Pompons und Co.

MEERJUNGFRAU GELB:

Verdrehe für die Haare vier Chenilledrahtstücke in der Mitte, fächere sie auf und klebe sie auf. Biege die einzelnen Strähnen in Form. Lass die Arme weg. Schneide eine Flosse aus Moosgummi zu und klebe sie unten in den Schlitz.

MEERJUNGFRAU LILA:

Klebe einen kleinen Pompon in passender Farbe oben auf den Kopf. Stanze mit dem Bürolocher zwei Punkte aus dem Moosgummi aus und klebe sie als Bustier auf. Schneide eine Flosse aus Moosgummi zu und klebe sie unten in den Schlitz.

DAME:

Klebe einen kleinen Pompon in passender Farbe oben auf den Kopf. Klebe zum Schluss um das untere Ende der Klammer kleine Pompons.

FEE:

Klebe einen kleinen Pompon in passender Farbe oben auf den Kopf. Statt der Arme bekommt die Figur Flügel. Lege dafür zwei etwa 30 cm lange Chenilledrahtstücke um den Hals und verdrehe die Enden rechts und links miteinander. Forme mit jedem Ende eine Schlaufe und verdrehe sie am Ansatz. Klebe am Ende fünf Pompons an das aufgemalte Kleid.

BALLERINA:

Klebe am Ende fünf Pompons an das aufgemalte Kleid.

DU BRAUCHST

- Papier
- Papierklebeband
- Tapetenkleister
- Pinsel
- Acrylfarbe
- Marker in Schwarz und Weiß
- Stöckchen, ca. 30 cm lang

TIERSTECKER

1 Schneide aus dem Pappkarton die Grundform deines Tierkopfes aus.

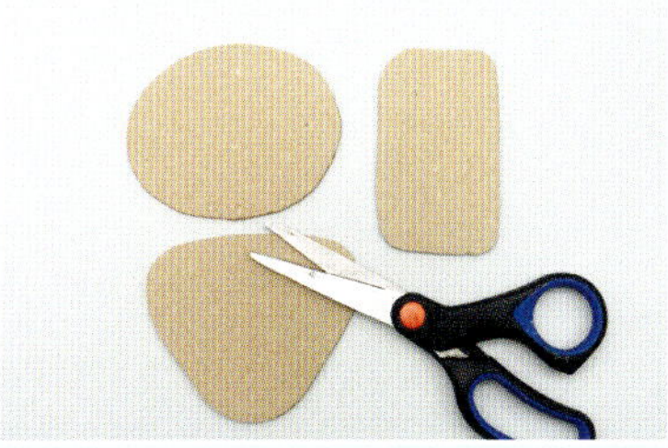

2 Klebe zuerst den Ast auf die Pappe. Knülle dann etwas Papier zu kleinen Ohren und klebe sie auf. Knülle das restliche Papier und klebe es mit Klebeband auf die Pappe, sodass der Kopf aufgepolstert wird. Wenn du magst, kannst du die Nase oder die Schnauze etwas dicker machen.

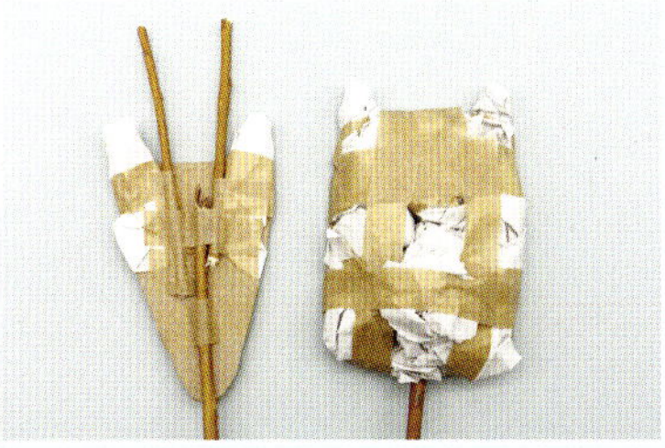

3 Arbeite die Oberfläche nach, indem du ein Blatt Papier mit dem Kleister befeuchtest, in Stücke reißt und überlappend aufklebst. Wenn alles gut bedeckt ist, streichst du die Oberfläche noch einmal schön glatt und lässt dann alles über Nacht trocknen.

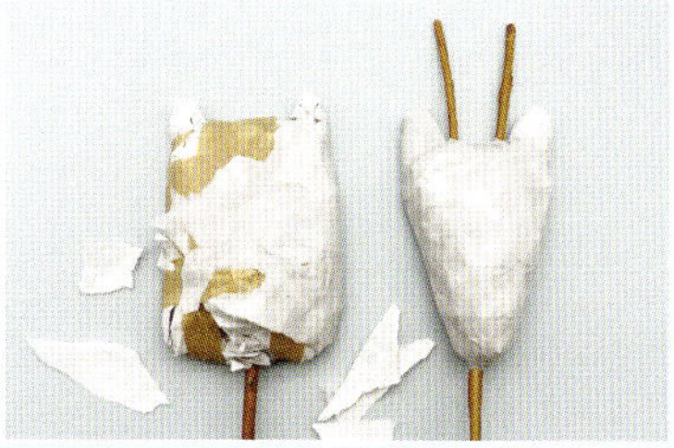

4 Jetzt kannst du deinen Tierkopf anmalen. Grundiere zuerst alles in der Hauptfarbe deines Tieres und lass die Farbe gut trocknen.

TIGER:
Schneide zu Beginn ein Rechteck als Grundform aus. Male am Ende das Gesicht und das typische Tigermuster auf.

LAMA:
Schneide zu Beginn ein Rechteck als Grundform aus. Male am Ende das Gesicht und das Fell am Kopf auf.

KOALA:
Schneide zu Beginn ein Oval als Grundform aus. Für die Ohren schneidest du die Form aus Pappkarton aus und klebst sie auf. Male am Ende das Gesicht und die große schwarze Nase auf.

GAZELLE:
Schneide zu Beginn ein Dreieck als Grundform aus. Klebe zusätzlich zum Ast noch zwei kleine Äste als Hörner an. Male am Ende das Gesicht und das Fellmuster am Kopf auf.

PANDA:
Schneide zu Beginn ein Dreieck als Grundform aus. Male am Ende das Gesicht und die großen schwarzen Flecken um die Augen auf.

OBST- UND GEMÜSE-STEMPEL

1 Schneide das Obst oder Gemüse zurecht. Je nach Sorte ergibt es unterschiedliche Muster.

2 Gib etwas Farbe auf einen Pappteller und nimm diese mit einem Malschwämmchen auf. Betupfe den Anschnitt des Obsts und Gemüses mit der Farbe.

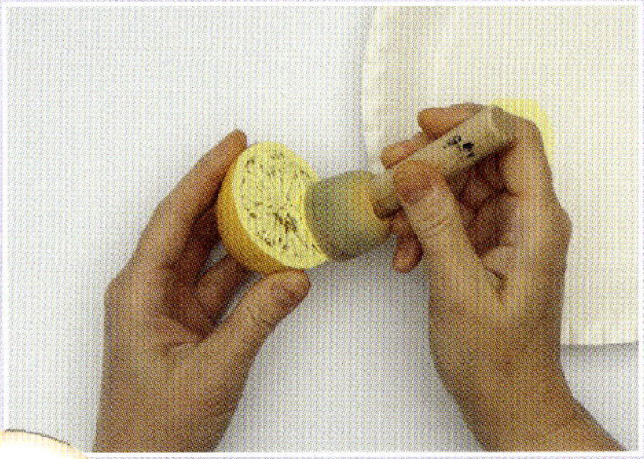

3 Schneide ein passendendes Stück Karton zurecht und schiebe es in die Tasche oder unter deinen Stoff, damit die Farbe nicht durchdrückt.

4 Drücke den Stempel vorsichtig auf den Stoff. Wiederhole das so oft, bis dir das Ergebnis gefällt. Du kannst auch unterschiedliche Farben dafür verwenden (benutze dafür pro Farbe ein eigenes Schwämmchen). Trocknen lassen und schließend bügeln, um die Farbe haltbar zu machen.

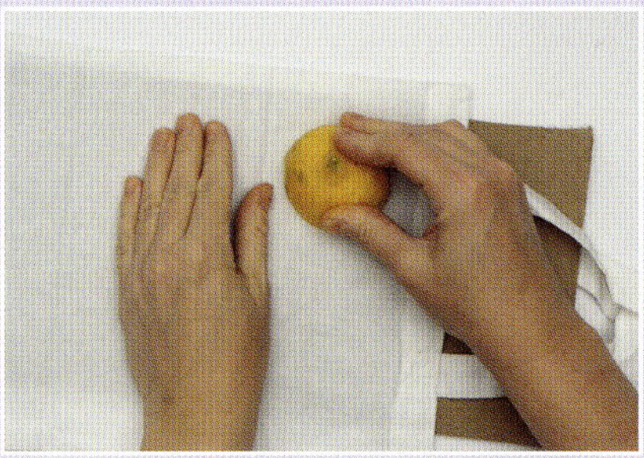

ZITRONE:
Schneide die Zitrone in zwei Hälften und tupfe sie trocken, bevor du stempelst.

APFEL:
Schneide den Apfel in zwei Hälften. Je nachdem ob längs oder quer entsteht ein anderer Apfel-Abdruck.

ZWIEBEL:
Schneide die Zwiebel in zwei Hälften. Hier entstehen schöne Kreise.

STAUDENSELLERIE:
Schneide alle Selleriestangen etwa 3 cm vor dem Strunk mit einem geraden Schnitt ab. Lege die losen Stangen beiseite. Benutze den Strunk zum Festhalten und stemple mit der abgeschnittenen Seite. Das Ergebnis erinnert an eine Rosenblüte.

PAPRIKA:
Schneide die Paprika quer durch und entferne die Kerne und Häute. Beim Drucken entsteht dann eine große blumenähnliche Form.

DU BRAUCHST

- kleiner Apfel
- Zitrone
- Staudensellerie (ganz)
- kleine Zwiebel
- kleine Paprika
- Stoffmalfarbe (Gelb, Grün, Pink, Orange, Bordeaux und Türkis)
- je ein Malschwämmchen pro Farbe
- heller Stoff oder Stofftasche (vorgewaschen)
- fester Karton
- Küchenkrepp
- Messer & Brettchen
- Bügeleisen
- Pappteller

SOCKEN-SOFTIES

1 Schaue, welches Stück der Socke am besten zu deinem Projekt passt, und schneide es aus der Socke heraus. Sollten hierbei zwei Öffnungen entstehen, musst du zunächst eine Öffnung verschließen. Drehe die Socke dazu auf links und nähe mit Nadel und Faden einmal rund um eine der beiden Öffnungen. Ziehe die Öffnung mit dem Faden zusammen und verknote die Enden. Danach die Socke wieder auf rechts drehen.

2 Nun stopfst du die Socke mit der Füllwatte aus, sodass sie eine schöne Form bekommt. Danach wird die zweite Öffnung verschlossen (siehe Schritt 1). Für den Fisch und den Hasen schneidest du die Socke an der zweiten Öffnung wie abgebildet ein. Nähe dann mit Nadel und Faden unterhalb des Einschnitts einmal um die Socke herum, ziehe den Faden zusammen und verknote ihn.

3 Gestalte die Details wie abgebildet mit Bastelfilz, Pompons, Wolle oder weiteren Sockenstücken. Klebe Wackelaugen auf und Münder.

KAKTUS:
Stecke die fertig gefüllte Socke in einen kleinen Topf und klebe Pompons auf.

HASE:
Nimm ein langes Stück Socke wegen der Ohren. Schneide die Öffnung für die Ohren bei Schritt 2 sehr weit ein. Schneide eine Schleife aus Bastelfilz aus und klebe sie auf.

FISCH:
Schneide die Öffnung für die Flosse bei Schritt 2 nur leicht ein. Ziehe am Ende eine Sockenspitze über das Gesicht. Stecke zwei kleine Flossen seitlich darunter ein und nähe mit Nadel und Faden alles zusammen. Dann rollst du die Kante der Sockenspitze etwas auf, sodass die Naht verdeckt wird.

BIENE:
Für die Fühler der Biene nähst du oben einen grauen Faden durch den Kopf und klebst kleine Pompons an die Enden. Die vier Flügel werden auf der Rückseite aufgenäht.

MARIENKÄFER:
Schneide einen Kreis aus rotem Bastelfilz aus und schneide ihn einmal in der Mitte durch. Klebe die Flügel auf und klebe auf jede Seite einen Pompon.

DU BRAUCHST

- Socken und Strümpfe
- Bastelfilz
- Mini-Pompons
- Wackelaugen
- Wolle
- Füllwatte
- UHU Bastelkleber
- kleiner Blumentopf

DU BRAUCHST

- Astscheibe, ø 6-10 cm
- Baumwollgarn
- Pompons, Holzperlen oder Papierreste
- Farbe
- Pinsel
- Nadel
- Papier in verschiedenen Farben
- Schleifpapier
- UHU Bastelkleber
- UHU Alleskleber

DU BRAUCHST

- Socken und Strümpfe
- Bastelfilz
- Mini-Pompons
- Wackelaugen
- Wolle
- Füllwatte
- UHU Bastelkleber
- kleiner Blumentopf

HERBST

WENN'S DRAUSSEN STÜRMT UND REGNET

DU BRAUCHST

- Astscheibe, ø 6-10 cm
- Baumwollgarn
- Pompons, Holzperlen oder Papierreste
- Farbe
- Pinsel
- Nadel
- Papier in verschiedenen Farben
- Schleifpapier
- UHU Bastelkleber
- UHU Alleskleber

TRAUMFÄNGER

1 Schleife die Oberfläche der Astscheibe mit dem Schleifpapier, bis sie richtig schön glatt und eben ist. Dann lässt sie sich im nächsten Schritt gut anmalen.

2 Bemale deine Astscheibe.

3 Schneide drei lange Wollstücke ab und klebe sie auf der Rückseite der Astscheibe an, sodass sie nach unten hängen. Oben bringst du den Faden zum Aufhängen an. Klebe ihn gut fest. Damit er noch besser hält, kannst du einen Papierstreifen darüber kleben.

4 Verziere die drei Fäden.

BUNT GEMUSTERT:
Nimm eine große Astscheibe. Male ein buntes Muster aus Punkten und Linien darauf. Fädle am Ende mit der Nadel Pompons auf die Fäden auf.

GROSSES HERZ:
Nimm eine große Astscheibe. Male ein Herz in die Mitte und male am Rand entlang bunte Dreiecke auf. Schneide aus Papier kleine Dreiecke aus und klebe immer zwei deckungsgleich um jeden Faden.

STERN:
Male einen großen Stern in die Mitte und ergänze ihn am Rand mit einem Ring. Nähe zum Schluss selbstgemachte Quasten (siehe S. 154) unten an die Fäden.

EULE:
Male zwei große Schlafaugen, zwei Bäckchen und den Schnabel auf. Darüber kommen das Stirnband und die Federn. Fädle am Ende mit der Nadel Perlen auf die Fäden auf.

WOLKE:
Male eine weiße Wolke mit Gesicht auf. Schneide am Ende aus Papier Regentropfen aus und klebe immer zwei deckungsgleich um jeden Faden.

WICKEL-ARMREIFEN

1 Schneide die Flasche mit der Schere in 1 cm bis 2 cm breite Ringe. Lass dir dabei von einem Erwachsenen helfen! Die Kanten der Ringe kannst du mit der Schere noch etwas nachschneiden.

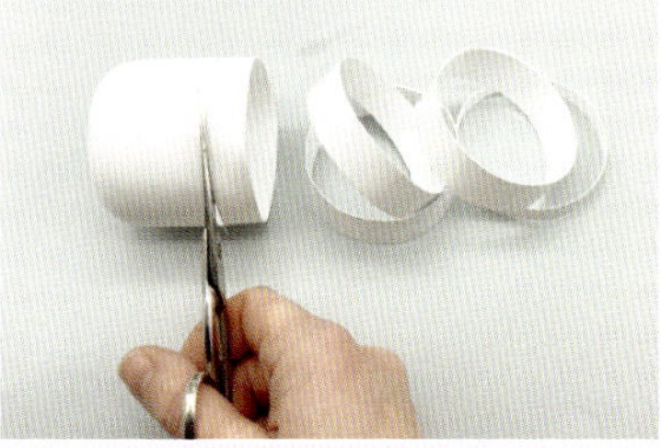

2 Knote einen Faden auf der Innenseite des Rings fest und wickle ihn um den Ring. Wenn der Faden zu Ende ist oder du die Farbe wechseln willst, knotest du das Ende fest und bringst den neuen Faden am Ring an. Wenn der Ring ganz umwickelt ist, machst du wieder einen Knoten. Vernähe alle Fäden mit der Nadel und schneide sie ab.

3 Wickle das Muster deines Armbands. Am Ende die Bänder oder den Faden mit Klebefilm festkleben und die Stelle mit Wolle überwickeln.

GESTREIFT:
Wickle zuerst nur mit einem weißen Faden. Knote dann für das Streifenmuster einen schwarzen und einen weißen Faden fest und wickle beide gleichzeitig um den Ring. Anschließend wickelst du mit einem schwarzen Faden bis zum Schluss.

LILA KARIERT:
Klebe zwei Webbänder an den Ring und wickle die Wolle immer im Wechsel zehn Mal über bzw. unter dem Band um den Ring. Dazu legst du die Bänder im Wechsel nach rechts und links.

PERLEN:
Klebe das Ende eines Fadens an den Ring. Während des Wickelns werden auf diesen Faden Perlen aufgezogen. Wickle immer zehn Mal über dem Faden, drei Mal unter dem Faden und schiebe eine Perle nach oben.

KREUZE:
Wickle zuerst einmal abwechselnd weiß, grün, weiß, rosa um den Ring herum. Wickle dann einen weißen Faden eine Runde schräg nach unten um den Ring und in der nächsten Runde schräg nach oben, sodass sie sich kreuzen.

ROSA WEBMUSTER:
Klebe das Ende eines Webbands an den Ring und wickle die Wolle dann immer im Wechsel zehn Mal über dem Band und zehn Mal unter dem Band um den Ring. Dazu legst du das Band abwechselnd nach rechts und links.

DU BRAUCHST

- leere Kunststoffflasche in passender Größe
- Wolle
- UHU Bastelkleber
- Wollnadel
- Perlen
- Webband

COOLE FLIEGER

1 Fertige neben der Tragfläche und dem Höhenruder alle weiteren Teile für deinen Flieger. Kürze die Holzstiele auf die gewünschte Länge und schneide die Bruchkanten mit der Schere halbrund nach.

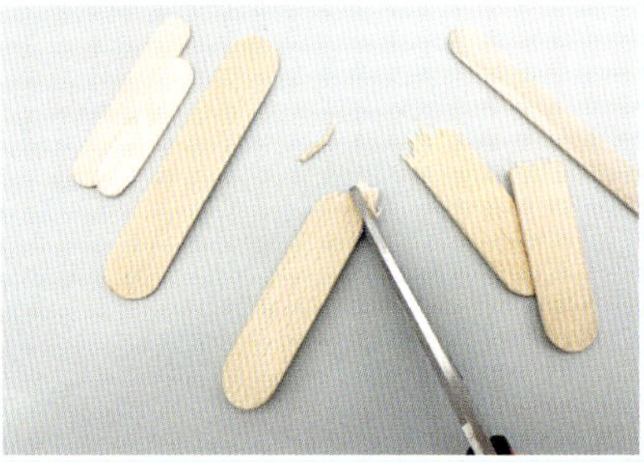

2 Male alles an. Die Perlen steckst du dazu am besten auf einen dünnen Stiel. Male die Muster jetzt mit dem Marker auf oder ergänze sie, wenn dein Flieger fertig ist.

3 Bring die Tagflächen, das Höhenruder sowie die extra Teile deines Flugzeugs an. Trage dazu den Kleber auf, lass ihn kurz anziehen und drücke dann die Teile fest zusammen.

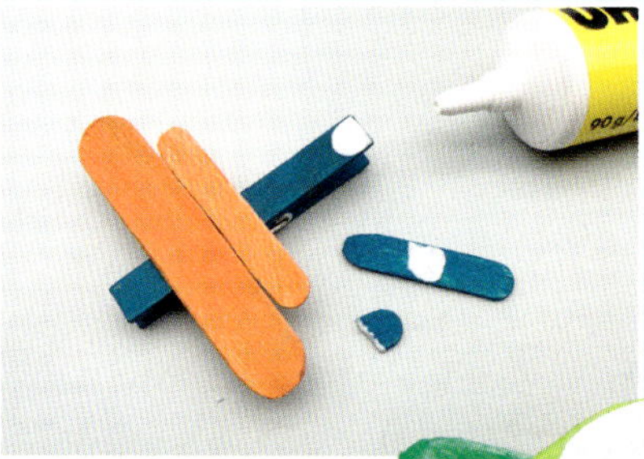

DU BRAUCHST

- Holzwäscheklammer
- Eisstiele und Mundspatel in verschiedenen Größen
- Holzperlen, verschiedene Formen und Größen
- Farbe
- Pinsel
- Lackmarker in Weiß
- UHU Bastelkleber

GRÜN:
Das Flugzeug bekommt zwei zusätzliche Propeller unter die Tragflächen. Male dafür zwei kurze Eisstiele an und klebe je eine halbierte Holzperle mittig darauf. Klebe zwei Perlen unter die Tragflächen und klebe die Propeller an.

BLAU:
Dieses Flugzeug bekommt eine doppelte Tragfläche. Klebe eine Tragfläche oben, eine unten auf die Klammer. Verbinde die beiden Tragflächen mit zwei Perlen (ø 1,8 cm). Male für den Propeller einen kurzen Eisstiel an und klebe eine halbierte Holzperle mittig darauf.

BLAU-ORANGE:
Fertige zwei unterschiedlich breite Tragflächen an und klebe sie hintereinander. Die schmalere befindet sich nachher hinten. Als Höhenruder ein kurzes Eisstielstück aufkleben und als Seitenruder das Ende eines Eisstieles senkrecht aufkleben.

BUNT:
Zusätzlich zu den beiden unterschiedlich langen Tragflächen bekommt dieses Flugzeug zwei Turbinen und ein Seitenruder. Klebe zwei Perlen unter die längere Tragfläche. Als Seitenruder bringst du das Ende eines Eisstiels an. Für das Cockpit ein hellblau bemaltes Eisstiel-Ende vor den Tragflächen anbringen.

MINI-FLUGZEUG:
Dieses Flugzeug unterscheidet sich in der Größe. Nimm dafür eine extra kleine Wäscheklammer.

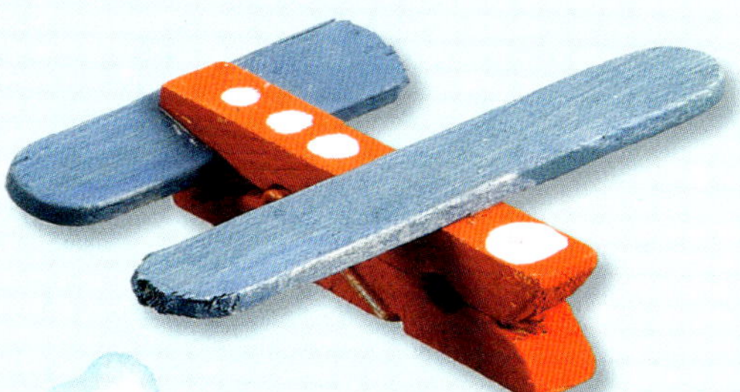

DU BRAUCHST

- Trinkjoghurtflaschen, sauber und leer
- Fotokarton
- Acrylmarker
- Sticker
- Washitape
- Papier, bunt gemustert
- Bleistift
- Schere
- Tacker und Tackernadeln

Vorlagen S. 188

KUNTERBUNTE PAPPVASEN

1 Gestalte den Fotokarton.

2 Falte den Karton einmal in der Mitte und übertrage den Umriss der Vorlage mit Bleistift darauf. Schneide den Umriss mit einer Schere aus, nun hast du zwei gleiche Teile.

3 Tackere die beiden Teile an den Seiten mit etwa 1 cm Abstand zum Rand mehrmals zusammen.

4 Stecke die saubere Trinkjoghurtflasche zwischen die beiden Kartonseiten.

PUNKTE:

Male mit verschiedenen Arcylmarkern Punkte auf einen weißen Fotokarton. Binde ein Stück Geschenkband als Schleife um den Vasenhals.

ROSA STREIFEN:

Beklebe den Fotokarton mit rosa Glitzerpapier. Klebe nach dem Ausschneiden deiner Vase drei Streifen pinkes Washitape auf den Bauch und schneide die überstehenden Ränder ab.

KAROS:

Zeichne mit einem weißen Acrylmarker sich überkreuzende Linien auf die fertig ausgeschnittene Vase aus Kraftkarton.

MARMORIERT:

Beklebe den Fotokarton mit marmoriertem Papier. Das sieht als Vase nachher ganz besonders toll aus.

LEO-STREIFEN:

Übertrage die Vorlage mit den Henkeln auf braunen Fotokarton. Beklebe die Vase nach dem Ausschneiden mit Washitape-Streifen mit Leopardenmuster.

SUPERHELDEN

1 Gestalte zuerst die Haare und klebe sie auf den Kopf.

2 Gestalte das Gesicht und male eine Maske auf. Den Mund und die Augen nach dem Trocknen der Farbe mit den Markern ergänzen.

3 Male den Körper deines Superhelden an. Beginne mit den größeren Flächen und vergiss die Kanten nicht. Male nach dem Trocknen Details wie Gürtel, Superhelden-Zeichen und die Trennlinie zwischen den Beinen auf. Gut trocknen lassen.

4 Fertige den Umhang an und klebe ihn auf der Rückseite auf.

BATMAN:

Brich statt der Haare an einer Gabel die mittleren beiden Zinken aus und kürze die beiden äußeren. Male dann die schwarze Fledermausmaske auf. Schneide aus Tonpapier einen Umhang in passender Größe zu und schneide die untere Kante im Zickzack ein. Bringe oben einen Stehkragen an.

SUPERGIRL:

Wickle für die Haare die Wolle dick um die Zinken der Gabel und verknote Anfang und Ende auf der Rückseite. Die überstehenden Zinken malst du in der Farbe der Haare an. Drücke ein Muffinförmchen flach und lege es doppelt. Klebe das gefaltete Papier als Rock auf. Wickle ein Stück Chenilledraht um den Hals und forme ihn zu Armen.

SUPERMAN:

Binde für die Haare ein paar Wollstücke in der Mitte zusammen. Schneide aus Tonpapier einen Umhang in passender Größe zu und schneide die untere Kante wellig ein. Bringe oben einen Papierstreifen als Verschluss an.

SUPERHELDIN LILA:

Flechte für die Haare sechs Fäden zu einem langen Zopf. Drücke ein Muffinförmchen flach, lege es doppelt und falte die Kante einmal um (Kragen). Schlage dann die Seiten nach innen ein. Klebe das gefaltete Papier als Umhang auf.

DU BRAUCHST

- Holzbesteck
- Wolle
- Muffin-Papierförmchen
- Tonpapierreste
- dünner Chenille-drahtrest
- Farbe
- Pinsel
- Acrylmarker in Weiß und Schwarz
- UHU Bastelkleber

KORKEN-FIGUREN

1 Stecke den Korken auf ein Schaschlikstäbchen und male ihn rundum mit der Acrylfarbe an. Lass alles gut trocknen und mach dann eventuell noch einen zweiten Anstrich, damit die Farbe deckend ist.

2 Jetzt malst du mit einem feinen Pinsel oder den Markern die Details auf.

3 Passe den Korken jetzt noch an. Entweder du machst einen Anhänger, einen Stiftehalter oder einen Notizzettelhalter.

PILZ:

Male weiße Punkte, schwarze Lamellen und unten etwas Grün auf. Drehe für einen Anhänger oben die Schrauböse ein. Fädle ein Stück Satinkordel durch und verknote die Enden miteinander.

SCHWEIN:

Male Ohren und ein Gesicht mit großer Schnauze auf. Schneide oben einen Schlitz in den Korken und stecke eine Büroklammer ein. Am besten klebst du sie mit Bastelkleber fest.

STREIFENHÖRNCHEN:

Male Streifen, Bauch, Ohren und Gesicht auf. Schneide aus Filz einen Halbkreis aus und klebe ihn als Schwanz auf. Bohre mit einer feinen Schere unten ein Loch in den Korken. Gib etwas Klebstoff auf das obere Ende eines Bleistifts und drücke es fest in den Korken.

LAMA:

Male Gesicht, Haare und Ohren auf. Bohre mit einer feinen Schere unten ein Loch in den Korken. Gib etwas Klebstoff auf das obere Ende eines Bleistifts und drücke es fest in den Korken.

BIENE:

Male Streifen, Gesicht und Fühler auf. Schneide oben einen Schlitz in den Korken und stecke eine Büroklammer ein. Am besten klebst du sie mit Bastelkleber fest.

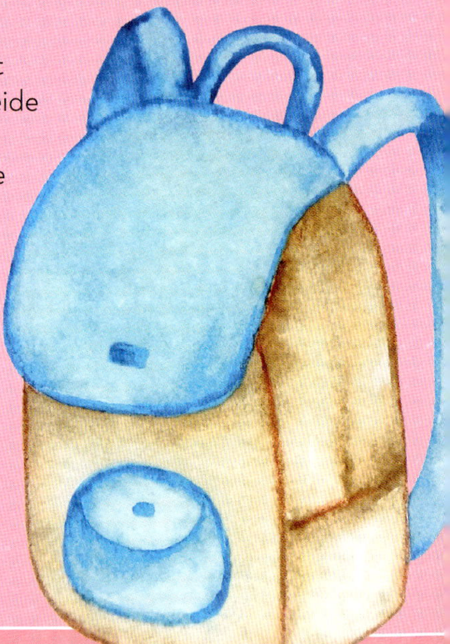

DU BRAUCHST

- Korken
- Schaschlikstäbchen
- Acrylfarbe
- Pinsel
- Acrylmarker in Schwarz und Weiß
- Büroklammer, Bleistift oder Schrauböse und Satinkordel

ZAPFEN-TIERE

1 Schneide aus dem Kraftkarton nach den Vorlagen die Umrisse und Flügel aus.

2 Klebe den Zapfen in die Mitte der Umrisse.

3 Zum Schluss klebst du noch Wackelaugen auf die Zapfen.

DU BRAUCHST

- Lärchenzapfen
- Kraftkarton
- Acrylmarker in Weiß
- Schere
- Flüssigkleber
- Wackelaugen

Vorlagen S. 179

MAUS:
Drehe das ausgeschnittene Teil für die Maus zu einem Kegel. Stelle die Öhrchen auf und klebe es an die Spitze des Zapfens.

KÄFER:
Stecke die beiden Flügelteile zwischen die Zapfenschuppen und klebe sie fest.

SCHMETTERLING:
Male ein tolles Muster auf die Flügel des Schmetterlings.

FLEDERMAUS:
Male die Knochen mit weißem Acrylmarker auf den Flügeln auf.

MOTTE:
Male ein Muster auf die Flügel der Motte.

KLOROLLEN-TIERE

1 Bemale die gesamte Klopapierrolle von außen mit Acrylfarbe. Trocknen lassen.

2 Drücke an einem Ende der Rolle die beiden Seiten nacheinander nach unten, sodass zwei Spitzen als Ohren stehen bleiben und die Rolle verschlossen ist.

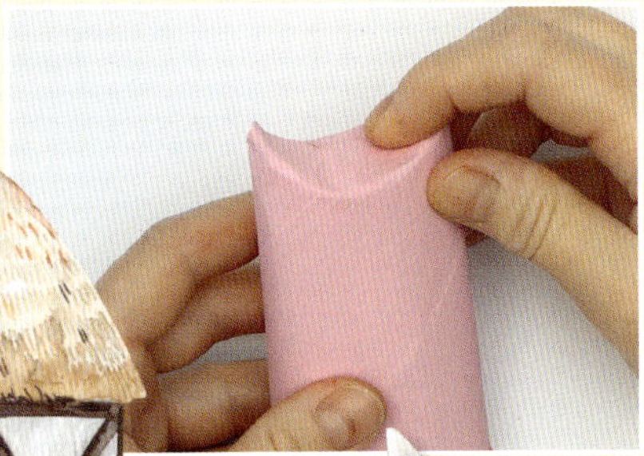

3 Male mit Acrylmarkern die größeren Flächen auf. Mit dem Fineliner ergänzt du die Details, wie Augen und Mund.

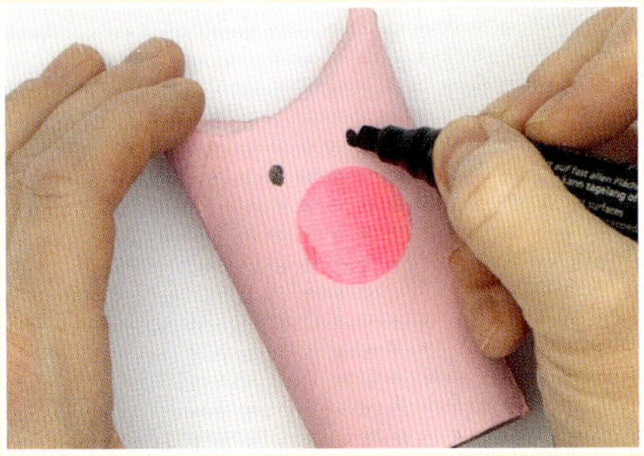

3 Fertige den Schwanz an und klebe ihn auf.

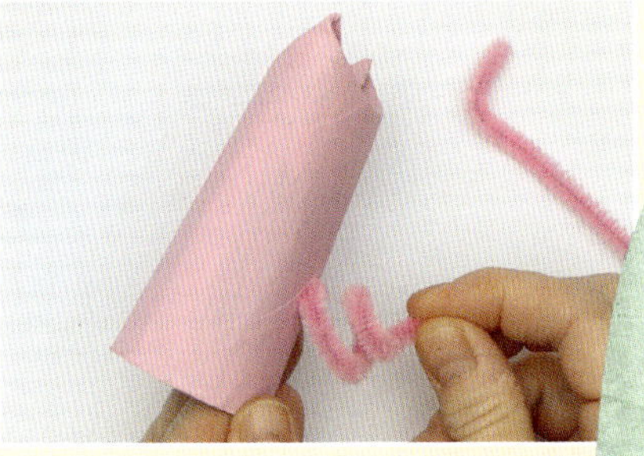

DU BRAUCHST

- Klopapierrollen
- Acrylfarbe in Rosa, Orange, Schwarz, Weiß und Hellblau
- Pinsel
- Acrylmarker in verschiedenen Farben
- Fineliner in Schwarz
- Biegeplüsch in Schwarz und Pink
- Pompon, ø ca. 25mm
- Flüssigkleber

SCHWEIN:
Male mit Acrylmarkern die Schnauze, das Kleeblatt und die Fußklauen auf die rosa Klorolle. Ringle ein Stück Biegeplüsch über einen Stift auf, piekse ein Loch in die Rückseite der Rolle und stecke das Ringelschwänzchen hinein. Fixiere es mit ein paar Tropfen Flüssigkleber.

KATZE:
Male ein Katzengesicht auf die schwarze Klorolle und forme aus schwarzem Biegeplüsch einen Schwanz und befestige ihn wie beim Schwein.

HASE:
Male ein Hasengesicht auf die weiße Klorolle. Klebe auf die Rückseite einen farblich passenden Pompon als Bommelschwanz auf.

FUCHS:
Male ein Fuchsgesicht auf die orange Klorolle. Male dann einen weißen Bauch, weiße Ohrspitzen und auf der Rückseite eine weiße Schwanzspitze auf.

EULE:
Male ein Eulengesicht auf die hellblaue Klorolle. Seitlich malst du zwei Flügel und am unteren Rand zwei Klauenfüße. Lasse hier den Schwanz weg.

AFFEN-BANDE

1 Lege deine Hand auf einen Tonkarton und umfahre die Kontur mit Bleistift. Zeichne dann zwischen Handfläche, Handgelenk und Daumen eine halbrunde Linie. Danach schneidest du die Hand aus.

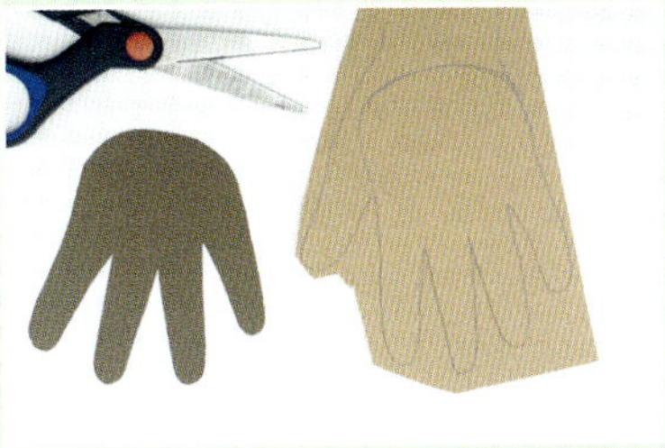

2 Schneide nun die Köpfe und die Gesichtsteile sowie die Ohren aus. Nutze hierfür die Vorlagen für die einzelnen Teile.

3 Klebe zuerst die Gesichtsteile aufeinander und dann die Ohren an den Kopf. Danach klebst du den fertigen Kopf auf den Körper. Probiere dazu einfach ein paar Positionen aus.

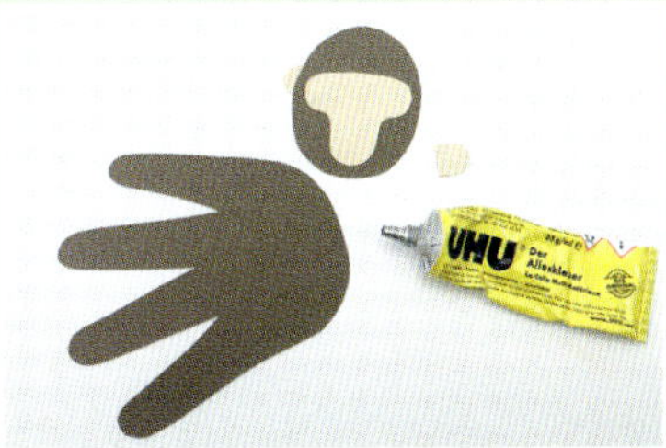

4 Male zwei schwarze Augen auf und setzte weiße Lichtpunkte hinein. Darunter folgen zwei herzförmige Bögen für die Nasenlöcher, eventuell eine Nasenlinie und der Mund. Deute mit ein paar Filzstift-Strichen das Fell an.

MANDRILL PAVIAN:

Für den Kopf brauchst du eine Raute. Die blau-rote Schnauze besteht aus zwei länglichen Tropfen. Schneide am Ende einen Schwanz aus und klebe ihn auf.

GORILLA:

Für den Kopf brauchst du ein Ei. Schneide für das Gesicht eine T-Form aus. Der Affe bekommt noch einen bohnenförmigen Augenwulst. Lasse am Ende die Filzstift-Striche für das Fell weg.

ORANG-UTAN:

Für den Kopf brauchst du ein Dreieck mit runden Ecken. Setze für das Gesicht zwei Ovale zusammen. Schneide den Körper am Rand fransig ein, um ein zotteliges Fell anzudeuten.

HELLBRAUNER AFFE:

Für den Kopf brauchst du ein Dreieck mit runden Ecken. Schneide für das Gesicht ein Herz aus. Am Ende schneidest du einen Schwanz mit Hilfe der Vorlage aus und klebst ihn auf.

DUNKELBRAUNER AFFE:

Für den Kopf brauchst du ein Oval. Schneide für das Gesicht eine T-Form aus.

DU BRAUCHST

- Tonkarton in Schwarz, Braun- und Grautönen
- Filzstifte
- Acrylmarker in Weiß und Schwarz
- UHU Alleskleber

Vorlage S. 186

UMGARNTE KASTANIEN

1 Stecke die Kastanie auf das Schaschlikstäbchen und stecke die Zahnstocher ein. Danach malst du mit den Markern das Gesicht auf.

2 Knote den Faden an einen Zahnstocher und webe ihn dann immer um die Zahnstocher herum. Das Ende ebenfalls festknoten. So machst du es auch bei einem Farbwechsel.

3 Verziere die Blumen mit Perlen, die du oben an die Zahnstocher klebst. Die Zahnstocher davor entsprechend kürzen.

3 Male das Schaschlikstäbchen zum Schluss grün an. Schneide aus dem Tonkarton ein Blatt aus und klebe es an den Stiel.

DU BRAUCHST

- Kastanien
- Schaschlikstäbchen
- Zahnstocher
- Tonkartonrest in Grün
- Wolle
- Holzperlen
- Acrylmarker in Weiß, Schwarz und Rosa
- Farbe in Grün, z.B. Wasserfarbe
- Pinsel
- UHU Bastelkleber

RUNDE KASTANIE:
Stecke acht Zahnstocher ringsum in die Kastanie. Arbeite beim Weben in Runden. Webe dabei den Faden außerdem um das Schaschlikstäbchen.

BOGEN:
Stecke sechs Zahnstocher in die obere Hälfte der Kastanie. Arbeite beim Weben in Reihen hin und her.

BOGEN MIT FRANSEN:
Stecke sechs Zahnstocher in die obere Hälfte der Kastanie. Arbeite beim Weben in Reihen hin und her. Lege für die Fransen die Fäden doppelt, fädle mit der Schlaufe durch die äußere Runde und ziehe die losen Enden durch die Schlaufe.

KRONE:
Stecke vier Zahnstocher oben in die Kastanie. Arbeite beim Weben in Reihen hin und her.

DRACHENEIER

1 Rolle die Modelliermasse zu einer Kugel, die etwas kleiner als dein Ei ist. Drücke eine Kuhle in die Kugel, sodass eine Art Schale entsteht. Die Modelliermasse sollte etwa 5 mm dick sein.

2 Lege dein Ei in die Schale und schließe die Modelliermasse rund um dein Ei herum, sodass es ganz von der Modelliermasse umhüllt ist.

3 Gestalte die Oberfläche.

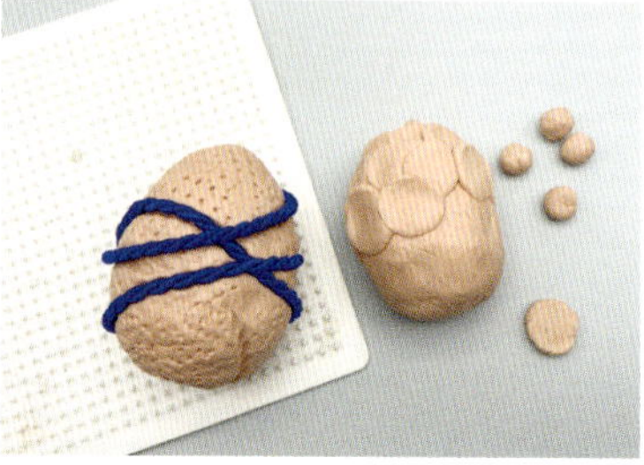

4 Lass das Ei etwa zwei bis drei Tage trocknen. Dann malst du es an. Du kannst es zum Beispiel zuerst in deiner Lieblingsfarbe oder Farbkombination grundieren und nach dem Trocknen mit einem Schwamm eine weitere Farbe, zum Beispiel Gold oder Schwarz, auftupfen. Das gibt einen schönen Effekt.

SCHUPPENEI:
Bei Schritt 3: Forme kleine runde Plättchen aus Modelliermasse und bringe sie als Schuppen an.

ORANGE-ROTES EI:
Bei Schritt 3: Mach mit dem Kamm ein Lochmuster und drücke Strasssteine in die Modelliermasse.

EI MIT AUGE:
Bei Schritt 3: Drücke ein Wackelauge in die Modelliermasse und rolle das Ei über die Steckplatte. Zum Schluss zwei Streifen aus Modelliermasse als Lidrand anbringen.

BLAUES EI:
Bei Schritt 3: Mach einen Abdruck mit der Kordel und drücke Perlen in die Modelliermasse.

RILLEN-EI:
Bei Schritt 3: Mach einen Abdruck mit der Kordel und rolle das Ei über die Steckplatte.

DU BRAUCHST

- Styropor®- oder Plastikei, 5-9 cm lang
- lufttrocknende Modelliermasse, z.B. FIMO®-Air
- Kordel
- Bügelperlen-Steckplatte
- Kamm
- Perlen, Strasssteine, Wackelauge etc.
- Acrylfarbe
- Pinsel
- Malschwamm

TIPP

Wische mit einem feuchten Wattestäbchen nach dem Bemalen die Farbe von den Steinen.

DU BRAUCHST

- bunte Herbstblätter
- dickes Buch oder Blumenpresse
- Acrylmarker in verschiedenen Farben

ABSTRAKTE HERBSTBLÄTTER

1 Lege die Herbstblätter zwischen die Seiten eines dicken Buches oder in eine Blumenpresse und lasse sie dort einige Tage trocknen.

2 Bemale die Blätter nach dem Trocknen mit bunten Acrylmarkern. Als erstes kommen die größeren Flächen. Trocknen lassen.

3 Verfeinere deine Muster weiter und werde immer detaillierter. Lasse die Farbe zwischen den verschiedenen Aufträgen gut trocknen, sonst laufen sie ineinander.

AHORNBLATT:
Male bunte Punkte auf das Blatt. Für die großen malst du erst einen blauen Punkt, denn du dann mit rosa und blau ummalst.

GINGKO:
Ziehe zuerst die Blattstruktur in Grüntönen nach. Anschließend verlängerst du den Stiel mit einem pinken Strich. Male zum Schluss weiße Linien parallel dazu.

BUCHE:
Male ein großes Mandala auf, das sich über den Blattrand hinaus ausbreitet.

PERÜCKENBAUM:
Deute in der Mitte den Stiel und die Blattadern an. Ersetze sie dann durch Punkte und kurze Striche.

ELSBEERE:
Male zuerst die Blattadern in Grün auf. Anschließend verzierst du diese mit kleinen Blättern und Beeren.

DU BRAUCHST

- Klopapier- oder Küchentuchrolle
- UHU Alleskleber
- Farbe
- Pinsel
- Wattestäbchen

PUPPENGESCHIRR

1 Schneide ein etwa 7 cm langes Stück von der Papprolle ab und schneide dann etwa 2,5 cm tiefe Streifen in ein Ende.

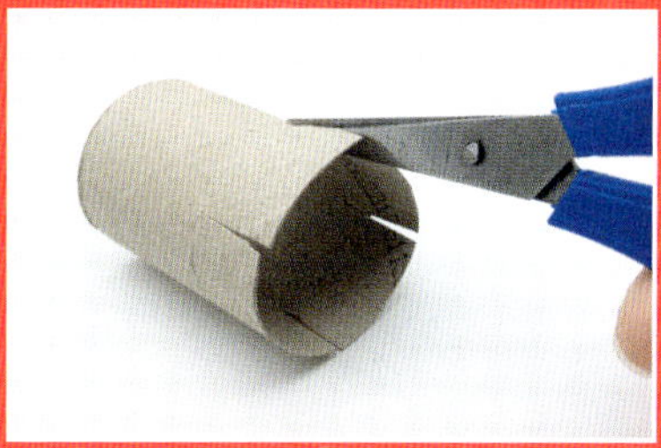

2 Knicke die eingeschnittenen Pappstreifen nach innen und klebe sie aufeinander. Drücke sie so lange aufeinander, bis der Klebstoff getrocknet ist und alles gut zusammenhält.

3 Schneide von einer Papprolle etwa 1 cm breite Streifen. Bemale alle Teile mit Farbe und verziere sie danach mit Streifen oder Punkten. Die Punkte kannst du mit dem Wattestäbchen auftupfen.

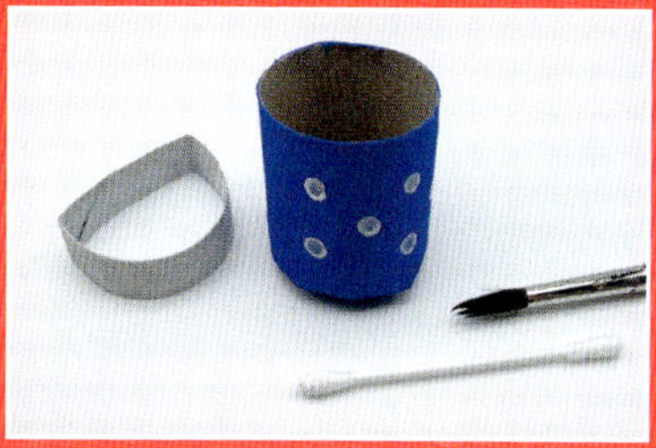

4 Bringe an deinem Geschirr die Henkel an.

BLAUE TASSE:
Schneide bei Schritt 3 zwei Streifen ab. Forme einen Streifen zu einem D und klebe ihn als Henkel an. Den anderen schneidest du auf und klebst ihn unten um die Tasse.

ROTE TASSE:
Schneide bei Schritt 3 drei Streifen ab. Forme einen Streifen zu einem Tropfen und klebe ihn als Henkel an. Die anderen schneidest du auf und klebst sie oben und unten um die Tasse.

TASSE UND UNTERTASSE:
Gehe bei Schritt 3 wie bei der roten Tasse vor. Forme nur für den Henkel ein S, das am unteren Ende eingerollt ist. Für den Teller klebst du einen Pappring auf einen passenden Pappkreis.

KANNE:
Schneide am Anfang ein 11 cm langes Stück ab. Bei Schritt 3 schneidest du nur einen Streifen ab. Forme diesen zu einem D und klebe ihn als Henkel an. Mach vorn an der Kanne einen kleinen Knick, sodass sie einen Ausguss bekommt.

DÖSCHEN:
Schneide am Anfang ein 5 cm langes Stück ab. Schneide bei Schritt 3 zwei Streifen ab. Schneide einen auf und klebe ihn unten um das Döschen. Aus dem anderen fertigst du zwei kleine Henkel. Für den Deckel rollst du einen Pappstreifen auf und klebst ihn mittig auf einen passenden Pappkreis.

HALLOWEEN-EIMER

1 Sprühe den Joghurteimer mit Acrylfarbe an. Arbeite dafür im Freien und schütze deine Hände und Umgebung. Trocknen lassen.

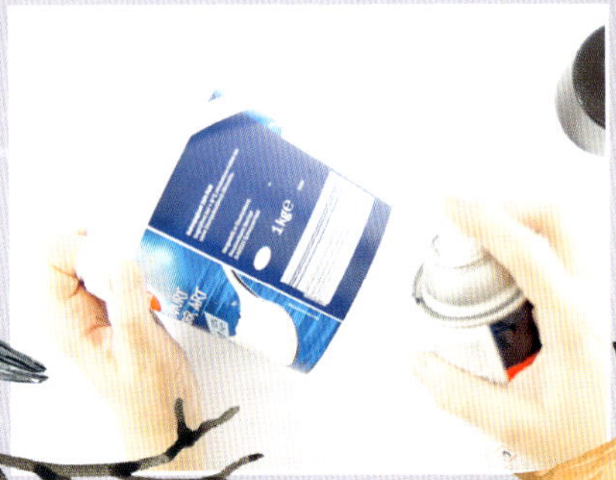

2 Verziere den Eimer mit den Acrylstiften, indem du z.B. ein Gesicht auf die Vorderseite malst. Das Innere des Eimers kannst du mit Krepp-papier auskleiden.

GESPENST:

Umklebe den Eimer erst mit einem weißen, blickdichten Papier, danach mit einer Lage weißem Krepppapier. Auf das Krepppapier klebst du dann zwei Ovale aus schwarzem als Augen auf.

FLEDERMAUS:

Schneide aus schwarzer Pappe laut Vorlage zwei Fledermausflügel und zwei spitze Ohren aus. Klebe einen Flügel auf jede Seite unter den Henkel. Falte dabei die Klebelasche auseinander, sodass eine Hälfte nach vorne und die andere nach hinten zeigt. Die Ohren klebst du innen an den vorderen, oberen Rand des Eimers.

KÜRBIS:

Sprühe den Eimer orange an. Male dann eine „geschnitzte" Kürbisfratze auf.

DIA-DE-LOS-MUERTOS

Sprühe den Eimer mit weißem Lack ein. Danach malst du ihn mit bunten Acrylmarkern im typisch mexikanischen Dia-de-los-Muertos-Look als Totenkopf, mit floralen Ornamenten und ganz viel Farbe an.

HEXE:

Sprühe den Eimer grün an. Male dann ein Hexengesicht auf. Schneide einen Streifen schwarzes Krepppapier zu Haaren, indem du auf einer Seite viele Fransen einschneidest. Klebe den Streifen mit der geschlossenen Seite an den oberen Rand des Eimers.

DU BRAUCHST

- leerer, sauberer Joghurteimer (1kg Fassungsvermögen)
- Sprühfarbe oder Bastelkarton in Grün, Orange, Schwarz und Weiß
- Acrylmarker in verschiedenen Farben
- Krepppapier in Orange, Schwarz, Weiß und Rosa
- Fotokarton in Schwarz
- Flüssigkleber oder Heißkleber

Vorlage S. 186

HANDPUPPEN

1 Falte die untere Längskante etwa 3 cm breit nach oben. Dann faltest du die obere Längskante nach unten, sodass sie mit der unteren Kante bündig ist. Klebe beide Kanten aufeinander.

2 Falte das Papier einmal in der Mitte und öffne es wieder. Ziehe dann in der Mitte des Papiers mit dem Klebestift von links nach rechts eine Linie.

3 Falte die schmalen Seiten zur Mitte und drücke sie gut an. Dadurch entstehen zwei Taschen, in die du später zum Spielen deine Finger steckst.

4 Falte das Papier wieder in der Mitte, sodass die beiden Taschen außen sind. Die Augen malst du mit den Markern auf.

DRACHE:
Schneide mit Hilfe der Vorlagen Schnurrbart, Augen, Nase, Zähne und Feuer aus und klebe sie auf. Schneide für die Haare die Vorlage in Streifen ein.

KROKODIL:
Schneide mit Hilfe der Vorlagen Schnauze, Zunge, Zähne und Augen aus und klebe sie auf.

LÖWE:
Schneide mit Hilfe der Vorlagen Schnauze, Zunge, Zähne und zwei Mal Haare (in unterschiedlichen Farben) aus und klebe sie auf.

HYÄNE:
Schneide mit Hilfe der Vorlagen Nase, Zunge, Zähne, Haare und Ohren aus und klebe sie auf.

NILPFERD:
Schneide mit Hilfe der Vorlagen Haare, Zunge, Zähne, Nase und Augen aus und klebe sie auf.

TIPP

Du kannst mit Filzstiften noch Details aufmalen.

DU BRAUCHST

- Buntpapier, DIN A4
- Tonpapierreste
- Klebestift
- Lackmarker in Weiß
- Permanentmarker in Schwarz
- Filzstifte

Vorlagen S. 187

KASTANIEN-TIERE

1 Male die Farbflächen auf.

2 Jetzt malst du das Gesicht auf.

3 Male die Muster oder restlichen Details in passender Farbe und Form auf.

FUCHS:

Male ihm zuerst zwei weiße Backen auf, dann schwarze Augen mit weißem Lichtfleck, eine schwarze Schnauze und rosa Bäckchen. Zum Schluss bekommt er am Bauch ein gelbes Strichmuster und zwei spitze Ohren.

BÄR:

Male ihm zuerst eine hellblaue Schnauze auf, dann schwarze Augen mit weißem Lichtfleck, eine schwarze Schnauze und rosa Bäckchen. Ergänze die runden, hellblauen Ohren und male dann rundum gelbe Striche auf.

IGEL:

Male Augen, Mund, Nase und rosa Bäckchen auf. Am Ende bekommt er noch weiße Stacheln.

MAUS:

Male ihr zuerst einen rosa Bauch auf, dann weiße Augen mit schwarzer Pupille, ein schwarzes Näschen und hellblaue Tasthaare. Zum Schluss bekommt sie ein rosa Schwänzchen und zwei rosa Ohren.

EULE:

Male zuerst zwei große weiße Augen und einen gelben Schnabel auf, dann schwarze Schlafaugen und rosa Bäckchen. Am Ende malst du drei gelbe Kopffedern und am Bauch drei hellblaue Bögen auf.

DU BRAUCHST

- Kastanien
- Acrylmarker oder Acrylfarbe und feiner Pinsel

BLUMENMÄDCHEN

1 Zeichen in den unteren Teil des Papiers den Umriss eines Kopfes mit Gesicht. Nimm dazu die Vorlage zu Hilfe.

2 Male einige Details farbig aus. Mit Ölpastellkreide wird es besonders deckend, Buntstifte funktionieren aber auch.

3 Suche in alten Zeitschriften und Prospekten nach Motiven zu einem bestimmten Thema. Schneide alles, was dir gefällt, aus.

4 Klebe die ausgeschnittenen Teile als Haare auf den gezeichneten Kopf.

TIERKOPF:
Schneide den Umriss des Gesichts aus weißem Papier aus und klebe das ausgeschnittene Gesicht auf ein Kraftpapier. Wähle lauter Tierbilder aus, schneide sie aus und klebe sie als Haare und Bart auf.

BLUMENKOPF:
Wähle lauter Blumenbilder aus, schneide sie aus und klebe sie auf.

OBST- UND GEMÜSEKOPF:
Schneide den Umriss des Gesichts aus Kraftpapier aus und klebe das ausgeschnittene Gesicht auf weißes Papier. Wähle lauter Obst- und Gemüsebilder aus, schneide sie aus und klebe sie auf.

BLÄTTERKOPF:
Klebe statt der Bilder bunte Herbstblätter auf.

DU BRAUCHST

- Papier in Weiß, DIN A4, oder Kraftpapier
- Filzstift in Schwarz
- Ölpastellkreide oder Buntstifte
- alte Zeitschriften oder Prospekte
- gepresste, getrocknete Herbstblätter
- Schere
- Klebestift

Vorlage S. 194

MÄUSEBANDE

1 Zeichne auf dem Tonkarton einen großen Tropfen oder ein spitzes Ei an und schneide es mit der Schere aus. Außerdem brauchst du zwei graue Kreise für die Ohren.

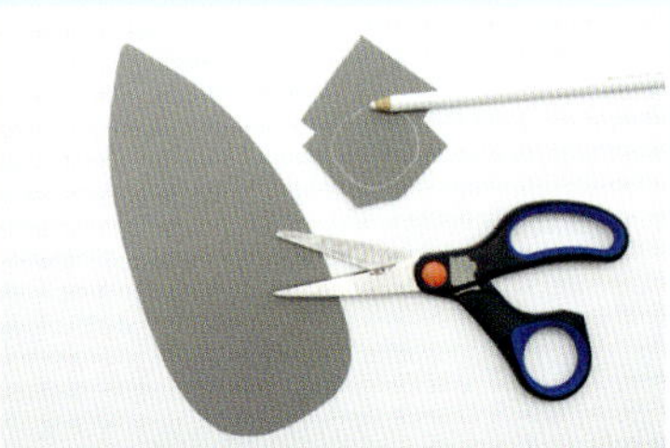

2 Falte die Spitze nach unten, dann schaut die Maus zu dir. Als nächstes klebst du die Ohren an. Male davor die Innenohren auf oder schneide sie aus Papier aus und klebe sie auf.

3 Gestalte das Gesicht deiner Maus. Klebe einen kleinen Pompon als Nasenspitze auf. Als Augen bringst du die Wackelaugen an. Als Schwanz klebst du ein Stück Schnur oder Wolle an.

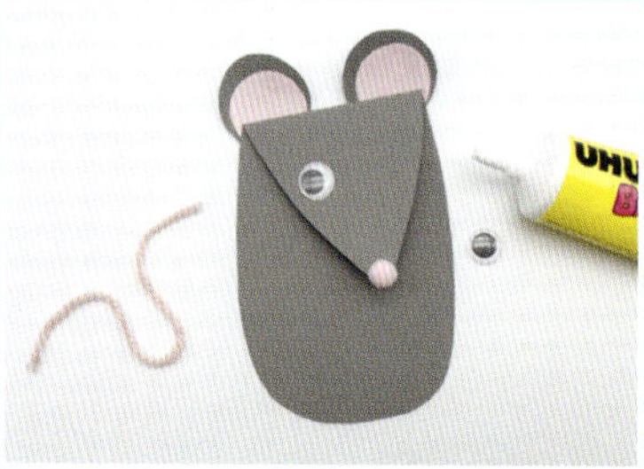

4 Verziere deine Maus.

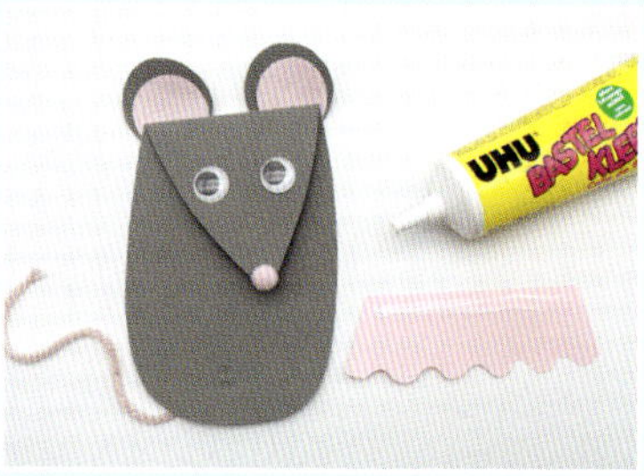

KOCH:
Knicke den Mäusekörper nicht ein. Schneide für die Schürze ein schmales Dreieck aus und entferne die obere Spitze. Klebe die Schürze zusammen mit einer ausgeschnittenen Kochmütze auf und male die Bindebänder auf.

MÄUSEMÄDCHEN:
Schneide einen Rock aus rosa Papier aus und klebe ihn auf.

SONNENBRILLE:
Male eine Sonnenbrille und Bartstoppeln mit Filzstift auf.

STREIFEN:
Klebe ein paar Tasthaare aus Schnur an die Nase. Klebe der Maus außerdem einen blau-weiß gestreiften Pulli aus Papier auf.

BRILLE:
Knicke die Spitze des Mäusekörpers schräg nach links. Male die Brille auf. Klebe kleine Taschen auf, in denen die Hände verschwinden können.

DU BRAUCHST

- Tonkarton in Grau
- Tonkartonreste
- Mini-Pompons in Schwarz, Rosa oder Rot
- Schnur oder Wolle
- Filzstifte oder Acrylmarker
- Klebstoff
- Drahtrest

DU BRAUCHST

- Klopapierrollen
- Farbe
- Pinsel
- Acrylmarker in Weiß und Schwarz

Vorlage S. 190/191

KLOROLLEN DINOS

1 Drücke die Klopapierrolle mit der Hand flach und streiche die Kanten mit den Fingern flach. Übertrage dann die Vorlage des Dinos mit Bleistift und schneide ihn entlang der Linie mit der Schere aus.

2 Öffne die Papprolle wieder und streiche die Knicke glatt, sodass der Dino schön rund wird. Dann kannst du den Dino rundum mit Farbe bemalen. Die Innenseite der Papprolle nicht vergessen!

3 Nun gestaltest du die Details mit der Farbe aus.

4 Zuletzt knickst du den Kopf oder den Hals nach vorn, den Schwanz oder die Flügel nach unten und/oder die Füße nach hinten. Du siehst auf der Vorlage an den gestrichelten Linien, wo du genau knicken musst. Zuletzt kannst du das Gesicht aufmalen.

FLUGSAURIER:
Der Körper ist (mit Ausnahme des Horns) blau, aber der Schwanz bekommt zusätzlich grüne Streifen. Auch die Flügel bekommen eine grüne Außenlinie.

T-REX:
Male den Körper dunkelgrün an. Ein Muster auf dem Körper kannst du mit hellgrün aufzeichnen. Male Zähne auf. In Schritt 4 werden am Kopf noch die Seiten nach unten gefaltet.

TRICERATOPS:
Male den Körper hellblau an. Die Hörner und Krallen werden weiß.

STEGOSAURUS:
Male den Körper grün an. Die kleinen Punkte und Stacheln werden beige.

BRACHIOSAURUS:
Male den Körper mintgrün an. Die Schwanzspitze und die Punkte malst du in Rot auf.

LUSTIGE BRIEFUMSCHLÄGE

1 Male zuerst die Fellzeichnung deines Tieres auf. Die Wasserfarbe sollte nicht zu nass sein.

2 Nach dem Trocknen malst du das Gesicht mit dem Filzstift auf (siehe Foto). Öffne die Umschlagklappe, damit du sauber bis zur Kante malen kannst.

3 Zum Schluss kannst du mit dünner Wasserfarbe noch ein paar Pinselstriche aufmalen, um den Kopf oder den Körper deines Tieres anzudeuten.

FUCHS:
Male die weißen Flecken mit Deckweiß auf. Öffne zum Bemalen die Umschlagklappe, damit du sauber bis zur Kante malen kannst. Ohren, Nase und Mund malst du mit Filzstift.

KOALA:
Male mit rosa Wasserfarbe den Fleck beim Mund auf. Nase, Augen, Ohren und Mund malst du mit schwarzem Filzstift auf.

BÄR:
Male mit Deckweiß die Schnauze auf. Mit Filzstift ergänzt du dann Nase, Mund, Augen und Ohren.

MAUS:
Male die Schnauze mit Deckweiß auf. Ohren, Nase, Mund, Augen und Tasthaare ergänzt du mit Filzstift.

EICHHÖRNCHEN:
Male die Schnauze mit orangebrauner Wasserfarbe auf. Ohren, Augen, Nase und Mund ergänzt du mit Filzstift.

TIPP

Öffne die Umschlagklappe ein Stück, nachdem du sie mit Wasserfarben bemalt hast. Dann klebt sie nicht versehentlich am Umschlag fest.

DU BRAUCHST

- Briefumschlag mit spitzer Klappe
- Deckweiß
- Wasserfarben
- Pinsel
- feiner Filzstift in Schwarz
- wasserfeste Unterlage

Vorlage S. 195

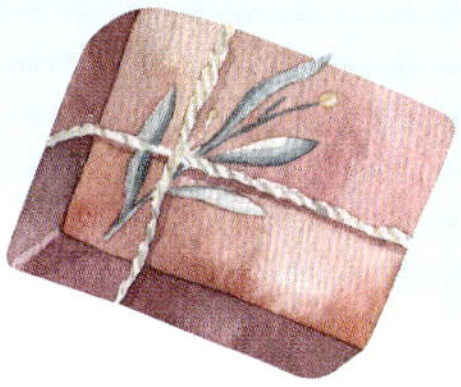

WINTER

WENN PLÄTZCHENDUFT DAS HAUS ERFÜLLT

SCHÖN GEWICKELT

1 Lege dir die Kordeln zurecht und schneide sie auf eine Länge. Markiere mit Klebefilm, von wo bis wo du die Kordel mit Wolle umwickeln willst.

2 Knote den Anfang der Wolle fest und wickle die Wolle dicht an dicht um die Kordel, bis du am anderen Ende am Klebefilm angekommen bist. Schiebe die Wolle immer wieder zusammen, damit sie schön dicht ist. Das Ende wieder festknoten. Fadenanfang und -ende mit der Nadel unter der Wolle durchziehen und abschneiden. Wenn du die Farbe wechselst, machst du es genauso.

3 Verbinde die einzelnen Kordeln durch Nähen oder Umwickeln.

4 Entferne die Klebefilmstreifen. Drösele die losen Kordelenden mit den Fingern auf und kämme sie aus. Danach schneidest du sie mit der Schere sauber ab.

DU BRAUCHST

- dicke Kordel oder Seil
- Wolle
- Klebefilm
- Kamm
- lange Nadel
- Wollnadel
- festes Nähgarn
- UHU Bastelkleber
- Bastelfilzrest in Orange
- 2 Wackelaugen, ø ca. 1,5 cm

WEITER GEHT'S AUF DER NÄCHSTEN SEITE

REGENBOGEN:
Lege zu Beginn vier Kordelstücke im Bogen aneinander. Nähe die umwickelten Kordeln zusammen. Beginne mit dem kleinsten Bogen und lege dann Runde für Runde den nächsten Bogen an. Stich immer seitlich mit der Nadel ein und nähe im Zickzack hin und her. Am Ende den Faden vernähen und abschneiden.

PINGUIN:
Lege zu Beginn drei Kordelstücke im Bogen aneinander. Nähe wie beim Regenbogen die umwickelten Kordeln zusammen. Knote zum Schluss zwei Fäden als Kopffedern oben fest. Schneide aus Filz einen Schnabel aus und klebe ihn mit den Wackelaugen auf.

HERZ:
Lege eine Kordel zu einer Herzform. Zum Verbinden umwickelst du die beiden Enden etwa 2 cm breit mit Wolle. Fadenanfang und -ende festknoten und vernähen.

BLAUER ANHÄNGER:
Nimm zu Beginn eine Kordel, die du zu einem Bogen legst. Zum Verbinden umwickelst du die beiden Enden etwa 2 cm breit mit Wolle. Fadenanfang und -ende festknoten und vernähen.

LILA ANHÄNGER:
Nimm eine Kordel, lege sie eng zusammen und umwickle den Großteil, sodass oben ein kleiner Aufhänger übrigbleibt.

TIPP

Wickle beim Herz einen Draht mit ein. Dann hält es besser die Form. Bei den Anhängern kannst du einen Schlüsselring aufziehen, wenn du die Schlaufe legst.

KLOROLLEN STERNE

1 Male die Klopapierrollen von innen und außen farbig an. Gerne auch in zwei verschiedenen Farben. Trocknen lassen.

2 Drücke die Klopapierrolle mit den Händen platt und schneide sie gleichmäßig in etwa 1 cm breite Streifen.

3 Klebe dreimal zwei Streifen an den Spitzen zusammen und fixiere die Klebestelle mit einer (Wäsche-)Klammer

4 Danach klebst du die drei Doppelteile, ebenfalls an den Spitzen, zu einem Stern zusammen. Befestige mit der Nadel einen Faden zum Aufhängen an einer der Sternspitzen.

DU BRAUCHST

- leere Klopapierrollen
- bunte Acrylfarben
- Pinsel
- Schere
- Klebstoff
- (Wäsche-)Klammern
- Nadel und Faden
- Washitape

WEITER GEHT'S AUF DER NÄCHSTEN SEITE

GROSSER STERN:
Male zwei Klopapierrollen gleich an. Arbeite den Stern zunächst wie in der Anleitung beschrieben. Dann klebst du sechs zusätzliche Streifen in die Zwischenräume der vorhandenen sechs Sternspitzen.

KLEINER STERN:

1 Schneide die angemalte Rolle in drei etwa 2 cm breite Streifen. Schneide aus beiden Enden der Streifen ein Dreieck aus, links und rechts des Dreiecks muss dabei ein kleiner Steg stehen bleiben.

2 Stecke zwei Streifen mittig aufeinander und setze etwas Flüssigkleber auf die Berührungspunkte. Schiebe den dritten Streifen darüber und setze ebenfalls zwei mittige Klebepunkte. Sortiere die drei Streifen so, dass eine Sternform entsteht und fixiere die Klebestellen mit einer (Wäsche-)Klammer.

STRAHLENSTERN:

1 Klebe um die Mitte der Rolle einen 1 cm breiten Streifen Washitape. Schneide dann von außen zum Tape hin etwa acht ca. 1 cm breite Streifen. Wiederhole dies auf der anderen Seite, jedoch versetzt zu den vorherigen Schnitten. Schneide die Streifen schräg zu Zacken.

2 Entferne das Klebeband und knicke alle Strahlen nach außen.

GLAMOUR-STRAHLENSTERN
Für den Glamour-Strahlenstern klebst du nun noch ein Stück Flatterband oder Glitzerdraht in den Zwischenraum der Strahlenkränze.

KIESEL-STEINIES

1 Schneide vom Luftballon das obere, das untere oder beide Enden ab. Mach eventuell noch einen Knoten in das Mundstück und ziehe den Ballon dann über deinen Stein.

2 Bringe nun die Haare an.

3 Male mit den Markern zwei Augen, zwei Bäckchen und einen Mund auf deinen Stein. Auf dunkleren Steinen wirken am besten weiße Augen mit einer schwarzen Pupille.

GELB:
Verknote ein paar Fäden und klebe sie oben als Haare auf den Kopf. Male einen weißen Streifen auf, wo später die Maske sitzt. Schneide mit einer kleinen, spitzen Schere zwei ovale Schlitze in den Ballon und male dann die schwarzen Pupillen mit dem weißen Lichtfleck auf.

BLAU:
Male den Stein schwarz an, bevor du den Luftballon überziehst. Markiere am besten die Position der Augen, entferne noch einmal die beiden Luftballonstücke und male dann erst die Augen auf. Lass die Haare weg.

GRÜN:
Verknote ein paar Fäden und klebe sie oben als Haare auf den Kopf.

ORANGE:
Male den Stein weiß an, bevor du den Luftballon überziehst. Wickle etwas Wolle um deine Finger und binde sie in der Mitte ab. So haben die Haare Schlaufen. Stecke auf der Rückseite zwei Chenilledrahtstücke ein (am besten die spitzen Drahtenden einmal einschlagen) und rolle die oberen Enden zu Händen ein.

ROT:
Schiebe ein paar Wollstücke als Haare unter die Mütze.

DU BRAUCHST

- 5 große Kieselsteine
- Luftballons
- Wollreste
- Chenilledraht
- UHU Bastelkleber
- Acrylmarker in Schwarz, Weiß und Rosa
- Filzstift in Schwarz

DU BRAUCHST

- 4 Papierstreifen, 1 cm x 30 cm oder 1,5 cm x 30 cm, z.B. in 3x Gelb und 1x Weiß oder 2x Pink und 2x Weiß oder 2x Mintgrün und 2x Weiß oder je 1x in Weiß, Schwarz, Grau und Silber
- UHU Alleskleber
- Bürolocher
- Wolle

TOLLE LESEZEICHEN

1 Klebe die vier Papierstreifen aufeinander. Lege dazu den ersten Streifen (hier pink) schräg vor dich, klebe den zweiten (hier blau) im rechten Winkel auf, ergänze dann den dritten (hier grün) und zuletzt den vierten (hier gelb).

2 Nun werden die Papierstreifen geflochten. Es gibt zwei Varianten. Beginne immer mit dem oberen rechten Streifen (hier pink) und falte ihn über vorn nach links, sodass er parallel zu Blau und Gelb liegt. Bei Variante A faltest du anschließend den oberen linken Streifen (hier blau) über vorn nach rechts. Bei Variante B faltest du den oberen linken Streifen (hier blau) über hinten nach rechts und führst ihn dann zwischen den beiden anderen Papierstreifen wieder nach oben.

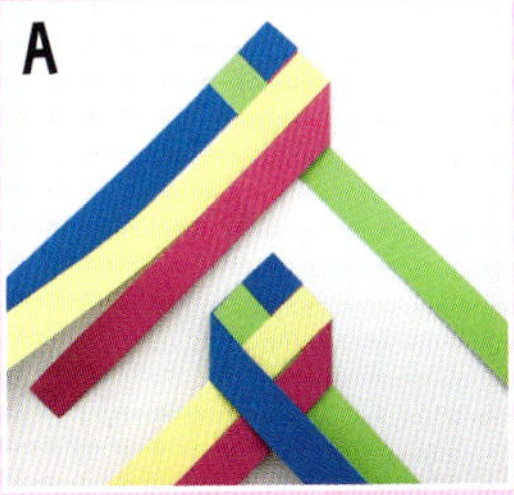

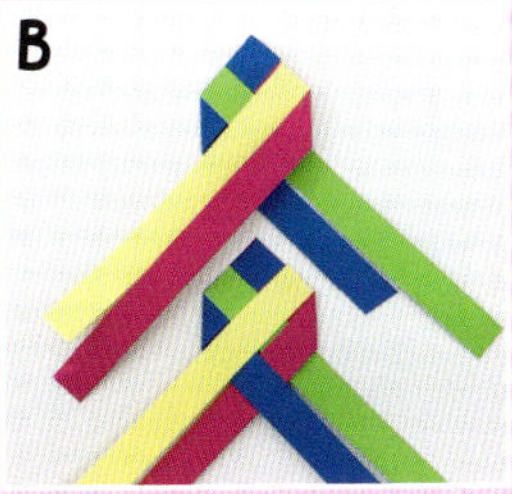

3 Wiederhole die beiden Schritte, bis das Flechtband die gewünschte Länge hat. Schneide die überstehenden Papierenden mit etwa 2 cm Zugabe ab und klebe sie auf der Rückseite fest. Loche das obere Ende und knote ein paar Wollfäden fest.

GELB:
Klebe den weißen Streifen als zweiten Streifen auf. Flechte die Papierstreifen anschließend nach der Anleitung von Variante A.

PINK:
Klebe zuerst die beiden pinkfarbenen Papierstreifen aufeinander und dann die beiden weißen. Flechte die Papierstreifen anschließend nach der Anleitung von Variante A.

MINTGRÜN:
Klebe zuerst die grünen Papierstreifen aufeinander und dann die beiden weißen. Flechte die Papierstreifen anschließend nach der Anleitung von Variante B.

SCHWARZ-WEISS:
Klebe die Streifen in beliebiger Reihenfolge der Farben aufeinander. Flechte die Papierstreifen anschließend nach der Anleitung von Variante B.

WÄSCHEKLAMMER-FIGUREN

1 Nimm die Holzwäscheklammer auseinander und male die einzelnen Teile mit Acrylmarkern an. Trocknen lassen.

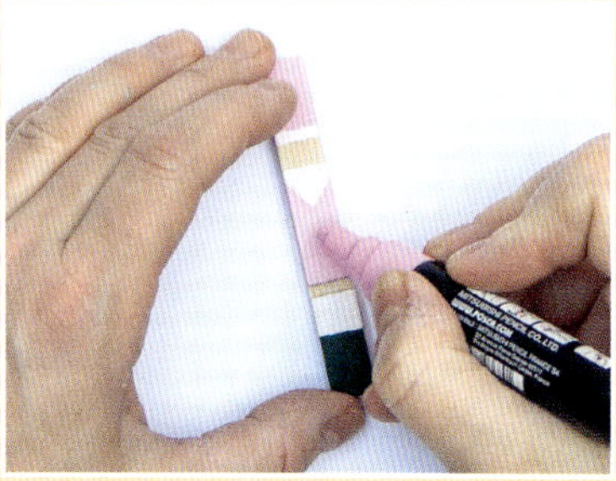

2 Male nun die Details auf.

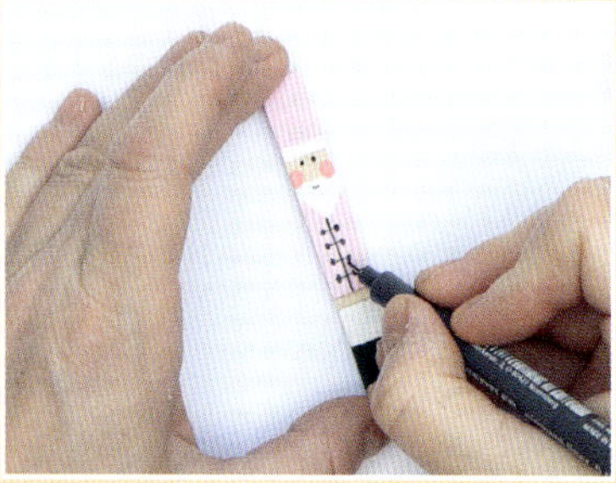

3 Wenn alles getrocknet ist, setzt du die Wäscheklammer wieder zusammen

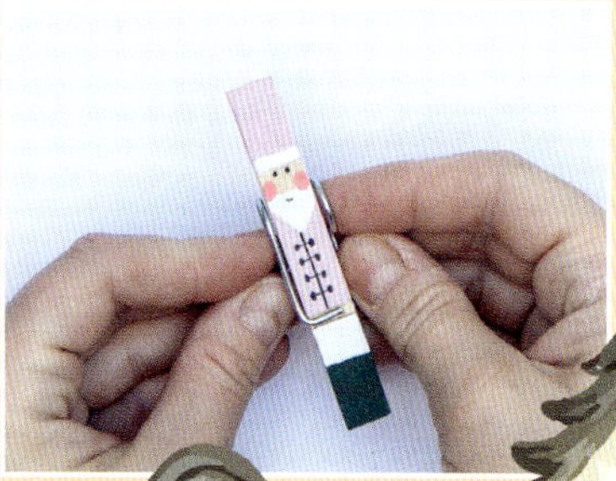

NUSSKNACKER:
Male den oberen Teil der Klammer rosa an, dann lässt du ein Stückchen frei. Nun malst du einen weißen Bart sowie einen weiteren rosa Streifen für die Jacke. Unterhalb der Klammer kommen je ein Streifen für die Hose sowie für die Stiefel. Als Details malst du später Knöpfe an die Jacke, das Gesicht mit roten Bäckchen und Schnürsenkel.

NIKOLAUS:
Gestalte den Nikolaus wie den Nussknacker – nur in Rot. Unterhalb der Klammer kommen je ein Streifen für die Hose sowie für die Stiefel. Als Detail malst du einen Gürtel und Schuhe statt Stiefel. Oben in die Ecke der Mütze kannst du einen weißen Kreis als Bommel aufmalen.

SCHNEEMANN:
Male die Klammer weiß an. Als Details malst du einen schwarzen Hut, eine Karotte, schwarze Knöpfe und einen Schal auf.

RENTIER:
Male die Klammer braun an. Als Details malst du ein Gesicht, Hufe, Geweih und eine rote Nase auf.

ENGEL:
Male die Klammer bis zum oberen Drittel weiß an. Male dann einen Kreis für das Gesicht und darüber gelbes Haar. Als Details malst du ein Gesicht, Heiligenschein und Kleidungsdetails auf. Schneide aus Glitzerpapier kleine Flügel aus und klebe sie von hinten an die Klammer.

DU BRAUCHST

- Holzwäscheklammern
- Acrylmarker
- Glitterpapier in Gold
- Flüssigkleber

LEBKUCHEN-FIGUREN

1 Übertrage die Vorlage der großen Lebkuchenfigur auf Tonkarton und schneide sie aus.

2 Male das Gesicht auf und verziere die Lebkuchenfigur rundum mit einer weißen Linie. Male anschließend Wellenlinien an Händen und Füßen auf.

3 Verziere deine Figur mit verschiedenen Accessoires und Kleidungsstücken.

3 Zum Schluss klebst du die Kleidungstücke auf deine Lebkuchenfigur.

TIPP

Die großen Lebkuchenfiguren kannst du an den Händen mit Musterbeutelklammern zu einer Girlande verbinden.

DU BRAUCHST

- Tonkarton in Braun, DIN A4, oder Tonpapier in Braun, 32 cm x 11 cm
- Tonkartonreste in verschiedenen Farben
- Bastelfilzreste in verschiedenen Farben
- Mini-Pompons
- Acrylmarker in Weiß, Schwarz und Rosa
- Bürotacker
- UHU Bastelkleber

Vorlage S. 186

WEIHNACHTSMANN:
Lege die Figur auf roten Tonkarton und umfahre sie mit Bleistift. Zeichne die Linien des Overalls und der Mütze ein und schneide sie aus. Verfahre auf dem weißem Bastelfilz mit Bart und Ärmeln genauso. Klebe einen Gürtel aus schwarzem Tonkarton und einen Mini-Pompon auf die Mütze.

MIT HUT:
Schneide einen Hut aus hellbraunen Tonkarton aus, verziere ihn mit weißen Linien und klebe ihn auf. Male außerdem Knöpfe und Fliege auf.

MIT SCHAL:
Schneide aus türkisem Bastelfilz einen schmalen Streifen aus. Wickle ihn um den Hals, verknote ihn und schneide die Enden ein. Klebe Mini-Pompons als Knöpfe auf.

MÄDCHEN:
Lege die Figur auf rosa Tonkarton und ziehe die Außenkanten der Beine für den Rock nach. Lege die Figur danach auf rosa Bastelfilz und fahre die Außenkanten der Arme für das Shirt nach. Ergänze die restlichen Linien, schneide die Teile aus und klebe sie auf. Ergänze zum Schluss die Schleife, einen schmalen weißen Gürtel und die Pompons.

GIRLANDE:
Falte den Tonpapierstreifen dreimal im Abstand von 8 cm im Zickzack. Übertrage darauf die kleine Lebkuchenfigur und schneide alles aus. Achtung: An den Händen darfst du die Faltkante nicht abschneiden, damit die vier Figuren später zusammenhalten!

DU BRAUCHST

- milde Seife, je Farbe 100 g
- flüssige Lebensmittelfarbe
- Speiseöl, z.B. Oliven- oder Rapsöl
- Schalen
- feine Küchenreibe
- kleine Teigrolle
- Messer
- Folie, z.B. Frischhaltefolie oder Gefrierbeutel
- Kosmetikglitzer
- Einmalhandschuhe

SEIFEN-KONFEKT

1 Reibe die Seifenstücke mit der Küchenreibe in einer Schale klein. Gib dann immer 100 g Seifenraspel in eine Schale, damit du verschiedene Farben mischen kannst. Du brauchst für eine Seife zwischen zwei und vier Farben.

2 Gib je zwei volle Esslöffel Wasser, ein Esslöffel Speiseöl und einige Tropfen der gewünschten Lebensmittelfarbe zu den Seifenraspeln und vermenge alles miteinander, bis du eine gleichmäßig durchgefärbte Seifenmasse hast. Trage zum Kneten am besten Einmalhandschuhe.

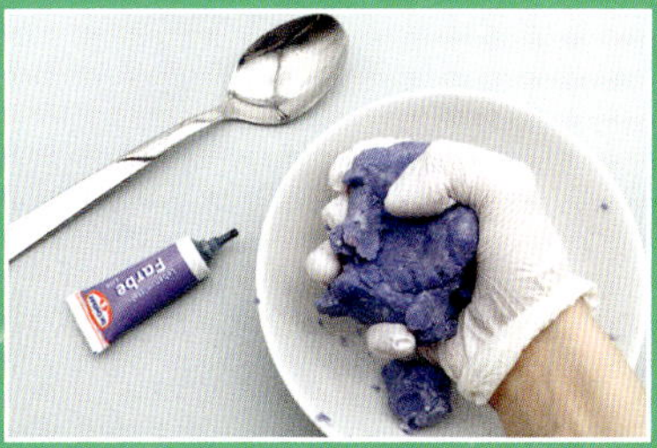

3 Rolle die Seifenmasse zwischen zwei Lagen Folie aus, damit nichts an der Teigrolle hängen bleibt. Wende die Masse immer wieder und ziehe die Folien zwischendurch ab.

4 Schneide die Seifenmasse in Stangen, Dreiecke oder Streifen und benetze sie etwas mit Wasser. Alles fest zusammendrücken, dann die Kanten mit dem Messer nachschneiden und die Seifen nach Wunsch mit Glitter verzieren. Danach etwa zwei bis drei Tage trocknen lassen.

ROT-GELBE WÜRFEL:
Rolle die eingefärbte Masse etwa 1 cm dick aus. Schneide sie in Stangen und füge diese zu einem Würfeln zusammen.

SPIRALE:
Rolle die eingefärbte Masse dünn aus. Schneide sie in Streifen, lege diese aufeinander und rolle sie fest auf.

SECHSECK:
Rolle die eingefärbte Masse etwa 1 cm dick aus. Schneide sie in Dreiecke und füge sie zu einem Sechseck zusammen.

GRÜN-BLAUE WÜRFEL:
Rolle die eingefärbte Masse dünn aus. Schneide sie erst in Streifen, dann in gleichgroße Stücke. Staple diese übereinander.

KREISE:
Rolle die eingefärbte Masse dünn aus. Schneide sie in Streifen und lege diese in Runden umeinander.

FOTO-HAMPELMÄNNER

1 Schneide den Kopf aus dem Porträtfoto aus. Die Hilfsschablone für den Fotozuschnitt hilft dir dabei, die Größe und die Form zu bestimmen. Der Kopf sollte mindestens so groß wie die Schablone sein! Wenn die Ohren zu sehen sind, schneidest du sie mit aus, ansonsten schneidest du um die Haare herum.

2 Schneide mithilfe der Vorlagen die einzelnen Teile aus dem Tonkarton aus.

3 Füge alle Teile zusammen, sodass du einen Körper, zwei Arme und zwei Beine oder einen Besen hast.

4 Jetzt wird alles zusammengebaut. Stich bei den Figuren an den angegebenen Stellen Löcher in den Körper. Loche die Arme und ggf. die Beine am oberen Ende und verbinde alles mit den Musterbeutelklammern. Danach klebst du die Köpfe auf.

DU BRAUCHST

- Porträtfoto, 10 cm x 15 cm
- Tonkarton
- 4 Musterbeutelklammern
- Mini-Pompons
- Klebestift
- Filzstift in Schwarz

Vorlage S. 192/193

WEIHNACHTSMANN:
Klebe den Hut auf den Kopf und diesen dann auf den Bart. Klebe zusätzlich einen weißen Pompon auf die Mütze.

ENGEL:
Klebe das Stirnband auf den Kopf und bringe die Flügel dahinter an.

GESCHENK:
Passe die Größe des Kartons und der Mütze an dein Foto an. Klebe die Streifen auf den Karton und falte die obere Kante an der gestrichelten Linien nach unten. Klebe die Mütze auf den Kopf. Das Geschenk klebst du von vorne auf das Foto.

WICHTEL:
Klebe die Mütze auf den Kopf. Klebe zusätzlich einen roten Pompon auf die Mütze.

SCHNEEMANN:
Klebe den Hut auf den Kopf und diesen dann auf die obere Schneekugel. Er bekommt noch den Besen in die Hand und eine Rübennase ins Gesicht.

DIP-DYE KERZEN

1 Fülle das Marmeladenglas mit Wachsgranulat und rasple etwas Ölkreidestift in der entsprechenden Farbe dazu.

2 Lasse das Wachs in einem Wasserbad in einem alten Topf schmelzen. Tauche die Kerze ganz in das flüssige Wachs. Je nachdem, wie intensiv du deine Farbe möchtest, kannst du diesen Schritt mehrmals wiederholen.

3 Lass das Wachs aushärten.

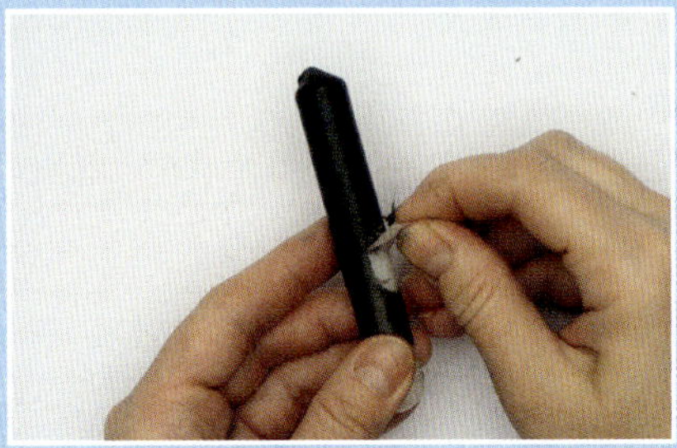

3 Dann kannst du mit den Wachsstiften oder Acrylmarkern die Kerze verzieren.

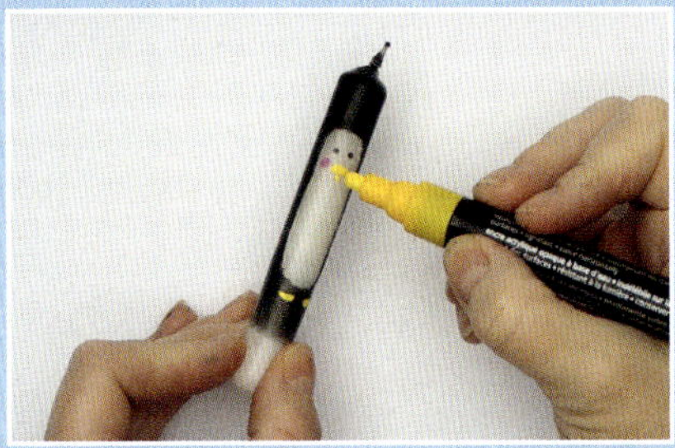

PINGUIN:
Schneide zuerst ein etwa 3 cm langes Stück Washitape ab, runde alle Ecken ab und klebe es längs auf die Kerze. Ziehe nach dem Trocknen das Washitape vorsichtig ab und verziere den Pinguin mit einem Gesicht, Schnabel und zwei gelben Strichen für die Füße.

FLIEGENPILZ:
Tauche nur das obere Drittel der Kerze in Wachs. Verziere den Pilz nach dem Trocknen mit weißen Punkten.

WEIHNACHTSWICHTEL:
Tauche nur das obere Drittel der Kerze in Wachs. Verziere den Wichtel nach dem Trocknen mit einem Gesicht.

SCHNEEMANN:
Tauche nur das obere Drittel der Kerze in Wachs. Verziere den Schneemann nach dem Trocknen mit einem Gesicht und einer Knopfleiste.

KUNTERBUNT:
Dippe die Kerzen in verschiedene Wachsfarben und lasse das Wachs dazwischen kurz fest werden.

DU BRAUCHST

- Kerzen in Weiß (z.B. kleine Christbaumkerzen)
- Wachsgranulat
- Ölpastellkreide in Schwarz und Rot
- Wachsstifte oder Acrylmarker in Weiß, Rot, Orange, Gelb und Schwarz
- kleines, leeres Marmeladenglas
- alter Topf
- Schaschlikstäbchen o.Ä.
- Washitape
- Schere

AB INS WELTALL

1 Beklebe die Papprröhren mit Papier. Bringe bunte Streifen darauf an, male Muster auf oder zeichne Fenster und Türen an. Die Fotos helfen dir dabei.

2 Schneide die zusätzlichen Teile mithilfe der Vorlage aus dem Tonkarton aus. Die Teile wie eingezeichnet einschneiden und wie auf dem Foto bemalen.

3 Schneide nun die Papprolle entsprechend des Modells ein und stecke die Pappteile in die Schlitze. Bei Bedarf festkleben.

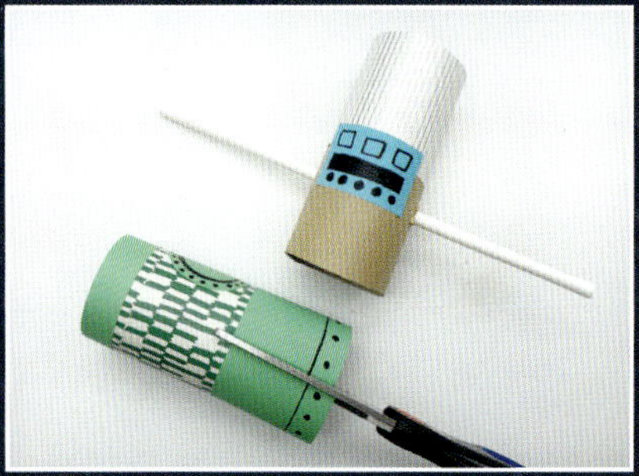

DU BRAUCHST

- Klapapierrollen/Papprollen
- farbiges Schreibpapier oder Geschenkpapier
- Tonkarton, A5
- UHU Bastelkleber
- Filzstifte
- Trinkhalme aus Papier

Vorlage S. 190/191

ASTRONAUT:
Schneide für den Kopf die Papprolle oben mithilfe der Vorlage zu. Den Raumanzug wie abgebildet anmalen. Schneide mithilfe der Vorlage zwei Arme aus. Mache oben rechts und links einen 2 cm tiefen Schlitz für die Arme in die Papprolle.

GRÜNE RAKETE:
Schneide mithilfe der Vorlagen ein Hütchen für die Spitze sowie das Seitenruder aus. Klebe die Raketenspitze zusammen. Schneide die Papprolle unten rechts und links 2,5 cm tief ein. Raketenspitze oben auf die Öffnung kleben. Schneide drei 5 cm lange Trinkhalmstücke zu. An einem Ende flach drücken und 3 cm tief einschneiden. Die Innenfläche mit Klebstoff bestreichen, als Beine unten an die Papprolle stecken und festkleben.

ROTE RAKETE:
Schneide mithilfe der Vorlagen ein Hütchen für die Spitze sowie vier Standbeine aus. Klebe die Raketenspitzen zusammen. Schneide die Papprolle unten dreimal 4 cm tief ein. Raketenspitze oben auf die Öffnung kleben. Standbeine unten einstecken.

RAUMGLEITER:
Schneide mithilfe der Vorlage die Tragfläche mit Feuer und Spitze aus. Schneide die Papprolle an der oberen Kante rechts und links 5 cm tief ein. Stecke beide Teile zusammen.

SATELLIT:
Schneide mithilfe der Vorlage zwei Solarpaneele aus. Stich links und rechts ein Loch ein, durch das der Trinkhalm passt. Den Trinkhalm durch die Löcher stecken und die Solarpaneele aufkleben.

TIPP

Schneide eine Öffnung in die Röhre des Raumgleiters oder der Raketen, dann kann eine Spielfigur mitfliegen.

WOLL-MONSTER

DU BRAUCHST

- Rest dicke Pappe
- Wolle in verschiedenen Farben (Blau, Weiß, Rot, Senf, Rosa)
- Biegeplüsch in Orange, Gelb und Türkis
- Schere
- Wackelaugen
- Bastelfilz in Weiß, Rosa und Pink
- Band in Schwarz
- Flüssigkleber
- 1 großer (ø ca. 8 cm) und 2 kleine (ø ca. 2,5 cm), weiße Pompons

1 Fertige den Püschel. Schneide dazu aus der Pappe ein 5 cm x 8 cm großes Stück aus und wickle die Wolle über die Karte (mind. 50-mal).

2 Schneide die Wolle an einer Seite mit der Schere auf. Halte die Fäden dabei mit der anderen Hand gut zusammen.

3 Umwickle für den Kopf die Fadenstränge mehrmals mit einem weiteren Wollfaden und verknote die Enden fest miteinander.

3 Klebe Wackelaugen, Gesicht und Zähne auf.

WEISSES MONSTER:

Klebe die beiden kleinen Pompons links und rechts an den großen Pompon. Stecke ein Stück braunen Biegeplüsch als Arme durch den großen Bommel. Schneide Lippen aus pinkem Bastelfilz aus und klebe sie auf.

BLAUES MONSTER:

Fertige einen großen Püschel aus blauer Wolle. Teile links und rechts zwei Wollstränge ab und flechte daraus zwei Zöpfe, umwickle die Enden mit Wolle. Schneide aus Filz einen blauen Kreis. Darauf klebst du weiße Zähne und drei kleine Wackelaugen. In den oberen Teil steckst du noch ein kleines Stück Biegeplüsch als Fühler.

ROSA MONSTER:

Fertige einen großen Püschel. Lege ein 10 cm langes Stück Biegeplüsch auf die Karte, bevor du mit dem Wickeln beginnst. Zwirble dann den Biegeplüsch im Knick fest zusammen. Knicke ein 10 cm langes Stück Biegeplüsch einmal in der Mitte und klebe es als Beine in den Püschel. Schneide mit einer Zickzackschere Zähne aus weißem Filz und klebe sie auf.

GELBES MONSTER:

Fertige zwei kleinere und einen größeren Püschel und klebe sie sternförmig zusammen. Klebe ein 10 cm langes, in der Mitte geknicktes Stück Biegeplüsch als Beine von unten in den großen Wollpüschel.

ROT-WEISSES MONSTER:

Fertige einen großen, zweifarbigen Püschel in Rot und Weiß. Binde ein Stück türkisfarbenen Biegeplüsch um die Abbindestelle. Darunter klebst du eine pinke Zunge.

SCHNEEMANN-FAMILIE

1 Fülle die saubere Flasche mit feuchtem Sand und verschließe sie mit dem Deckel.

2 Für die Schneemannform knüllst du das Zeitungspapier oder wickelst es um die Flasche und klebst es mit dem Papierklebeband fest. Dadurch entsteht ein runder Kopf oder ein kugeliger Körper. Du kannst eine Rübennase und Arme formen und anbringen.

3 Reiße die Zeitung in Schnipsel, befeuchte sie mit dem Kleister und klebe sie überlappend auf die Flasche – am besten in zwei oder drei Schichten. Alles gut glattstreichen. Danach lässt du deinen Schneemann etwa zwei Tage trocknen.

3 Male den Schneemann an und verziere ihn mit weiteren Details wie Schal und Kopfbedeckung.

DU BRAUCHST

- leere Plastikflaschen, 250-500 ml
- Sand
- Papierklebeband
- Zeitungspapier
- Pappkarton
- Tapetenkleister
- Bastelhölzer
- Schaschlikspieße
- Wollereste
- 2 Pompons
- Chenilledraht in Gelb und Grün

ROT:
Für den Hut klebst du einen Pappring um das obere Ende der Flasche. Male für die Skier Bastelhölzer rot an. Piekse für die Skistöcke kleine, rot angemalte Pappringe auf Schaschlikstäbchen auf und stecke sie durch die Arme. Binde einen roten Filzstreifen als Schal um.

GELB:
Fertige für den Hut einen Stiel (wie die Arme in der Grundanleitung) und klebe ihn an den Deckel. Wickle etwas Chenilledraht als Schal um den Hals.

BLAU:
Male die Nase nur auf. Für den Hut klebst du einen Pappring um das obere Ende der Flasche.

GRÜN:
Biege einen Ohrenwärmer und eine Nase aus Chenilledraht und klebe sie auf. Binde einen Filzstreifen als Schal um.

PINK:
Male die Nase nur auf. Aus einem Schaschlikstäbchen und etwas Wolle kannst du einen Besen machen. Fertige Mütze und Schal aus Bastelfilz.

WICKELTIERE

1 Übertrage die Vorlage auf ein Stück Pappe.

2 Schneide die Umrisse mit einer Schere aus.

3 Male die Pappe mit Acrylmarkern an. Trocknen lassen.

4 Schneide seitlich einen kleinen Schlitz in die Pappe und befestigen ein Wollende darin. Nun umwickelst du das Tier mit der Wolle.

EULE:
Umwickle nur den Eulenkörper mit der blauen Wolle. Forme mit dem Biegeplüsch noch Beine und stecke ihn unten in die Wolle.

LAMA:
Wickle Wolle in Rosa und Gelb um den Bauch. So entsteht eine gestreifte Decke.

VOGEL:
Wickle oben für die Flügel rosa Wolle, unten für den Bauch gelbe Wolle um den Vogel herum.

SCHAF:
Damit das Schaf schön wollig und flauschig aussieht, wickelst du die weiße Wolle kreuz und quer um den gesamten Körper. Lasse dabei nur den Kopf und die Beine frei.

BÄR:
Wickle abwechselnd rote und weiße Wolle in gleichmäßigen Abständen um den Körper des Bären.

DU BRAUCHST

- Versandkarton oder dickere Pappe
- Acrylmarker in verschiedenen Farben
- Wollreste in verschiedenen Farben
- Biegeplüsch

Vorlage S. 182

DU BRAUCHST

- Pappkarton
- Wolle
- runder Gegenstand
- Farbe und Pinsel
- UHU Bastelkleber

Vorlage S. 174

FADENSPANN-STERNE

1 Zeichne mit einem runden Gegenstand einen Kreis auf den Pappkarton und schneide ihn aus. Übertrage dann mithilfe der Vorlage am Rand die Schnittmarkierungen und schneide sie gleichmäßig tief (etwa 1 cm) ein.

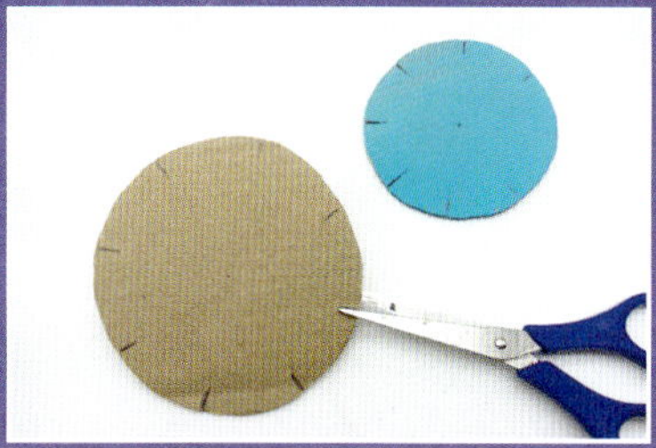

2 Ziehe den Faden zu Beginn von unten nach oben durch einen der Schlitze und wickle ihn dann im Uhrzeigersinn um den Pappring. Spanne ihn dazu auf der Vorderseite jeweils zwei, drei oder vier Schlitze weiter. Auf der Rückseite führst du den Faden wieder zurück und ziehst ihn einen Schlitz weiter wieder auf die Vorderseite. Mach so weiter, bis du wieder am Anfang angekommen bist. .

3 Stelle deinen Stern je nach Modell fertig. Verknote dann Anfang und Ende miteinander und mache einen Aufhänger.

EINFACHER BLAUER STERN

Wickle zwei Runden mit dem Faden und spanne ihn dabei immer vier Schlitze weiter.

ZACKIGER GELBER STERN

Wickle zwei Runden mit dem Faden und spanne ihn dabei immer drei Schlitze weiter. Schneide am Schluss den Rand zackig ein.

BLAU-ROSA STERN:

Male den Tonkartonkreis nach dem Ausschneiden blau an. Wickle eine Runde mit dem Faden und spanne ihn immer zwei Schlitze weiter.

RUNDER GELBER STERN:

Male den Tonkartonkreis nach dem Ausschneiden gelb an. Wickle erst eine Runde und spanne den Faden immer drei Schlitze weiter. Wickle dann mit einem zweiten Faden eine Runde und spanne den Faden immer vier Schlitze weiter.

GROSSER STERN

Schneide einen großen Kreis und einen kleinen Kreis aus und male sie goldfarben und blau an. Beim großen Kreis wickelst du zwei Runden, beim kleinen Kreis eine Runde. Spanne den Faden dabei immer zwei Schlitze weiter. Klebe den kleinen Kreis auf den großen.

POMPONKUGELN

1 Umwickle die beiden Klorollen mit der Wolle.

2 Lege zwischen den beiden Papprollen einen Faden um die Wolle, kreuze die Enden und schlinge sie noch einmal herum. Knicke die Papprollen und drücke sie flach, ziehe die Fadenenden kräftig an und mach einen richtig festen Knoten.

3 Ziehe nacheinander die beiden Papprollen heraus und schneide die Fadenschlaufen mit der Schere auf. Danach trimmst du den fluffigen Pompon mit der Schere, sodass er zu einer gleichmäßigen Kugel mit etwa 8 cm Durchmesser wird.

4 Mach zwei Löcher in den Plastikdeckel, ziehe mit der Nadel einen Wollfaden durch und verknote ihn auf der Unterseite. Klebe den Deckel oben auf deine Pomponkugel.

DU BRAUCHST

- Wolle, Nadelstärke 5-6
- 2 leere Klopapierrollen
- Plastikdeckel, z.B. von Milch- oder Safttüte
- dicke Wollnadel
- Bastel- oder Heißkleber
- kleine Sterne
- Glitzer
- Perlen

TÜRKIS MIT STERNEN:
Umwickle die beiden Klorollen am Anfang mindestens 120 Mal. Klebe am Ende noch Sternchen auf.

ROSA MIT PERLEN:
Umwickle die beiden Klorollen am Anfang mindestens 120 Mal. Klebe am Ende noch Perlen auf.

PINK:
Umwickle die beiden Klorollen am Anfang mindestens 120 Mal. Klebe am Ende noch Glitzer auf.

LILA-WEISS:
Wickle am Anfang die beiden Farben nebeneinander je mindestens 60 Mal um die Klorollen.

TÜRKIS MELIERT:
Wickle am Anfang zwei verschiedene Farben gleichzeitig mindestens 60 Mal um die Klorollen.

STRICKLIESEL-DEKO

1 Stecke den Chenilledraht zusammen mit dem Anfangsfaden durch die Mitte der Strickliesel und stricke um den Chenilledraht herum wie auf Seite 62 beschrieben eine Strickschnur.

2 Schneide die überstehenden Enden des Chenilledrahtes mit der Schere ab. Die Wollfäden werden noch benötigt.

3 Biege die Strickschnur in Form.

3 Zum Schluss die Fäden mit der Nadel ein Stück durch die Strickschnur ziehen und abschneiden.

APFEL:

Stricke bei Schritt 1 eine 22 cm lange Schnur. Mache einen Knick in der Mitte und forme den Apfel. Dann knotest du jeweils Anfang und Ende zusammen.

ZUCKERSTANGE:

Stricke bei Schritt 1 zwei 14 cm lange Schnüre in zwei Farben. Verdrehe die beiden Strickschnüre fest miteinander. Biege zum Schluss das obere Ende nach unten.

BREZEL:

Stricke bei Schritt 1 eine 25 cm lange Schnur. Verschlinge die Enden der Brezel miteinander und nähe sie mit den Wollfäden fest.

STERN:

Stricke bei Schritt 1 eine 30 cm lange Schnur. Knicke die Strickschnur alle drei Zentimeter und forme einen Stern mit fünf Zacken.

TANNENBAUM:

Stricke bei Schritt 1 eine 30 cm lange Schnur. Rolle diese zur Schnecke auf, ziehe die Mitte nach oben und drehe die Windungen noch etwas weiter ein.

DU BRAUCHST

- Wolle in verschiedenen Farben
- Chenilledraht in passenden Farben
- Filzrest in Grün, Braun und Gelb
- Strickliesel mit Stricknadel
- Wollnadel
- Klebstoff
- Mini-Pompons

TIPP

Dekoriere den Apfel mit Blatt und Stiel aus Bastelfilz, das Tännchen mit Filzstern und bunten Mini-Pompons.

MODELLIEREN MIT PERLEN

1 Den Modelliermasse gut durchkneten und in die gewünschte Form bringen. Anschließend noch einmal nacharbeiten und die Kanten mit einem feuchten Finger glätten.

2 Bringe die Perlen an. Lass die Herzen oder Kerzenhalter etwa zwei bis drei Tage auf einer ebenen Unterlage trocknen (siehe Herstellerangabe).

KERZENSTÄNDER:

Knete die weiche Modelliermasse zu einer kleinen Kugel und drücke sie auf der Arbeitsfläche flach. Drücke erst die Kerze, dann die Bügelperlen als Muster in die Masse.

TEELICHTHALTER:

Knete die weiche Modelliermasse zu einer größeren Kugel und drücke sie auf der Arbeitsfläche flach. Drücke erst das Teelicht, dann bunte Bügelperlen zufällig angeordnet in die Masse.

KLEINES HERZ:

Rolle die weiche Modelliermasse mit der Knetrolle 1 cm bis 1,5 cm dick aus. Stich ein Herz mit dem Ausstecher aus. Stich das Loch mit dem Trickhalm aus. Drücke dann gelbe und pinke Bügelperlen zufällig in die Masse.

BLAU-GRÜNES HERZ

Rolle die weiche Modelliermasse mit der Knetrolle 1 cm bis 1,5 cm dick aus. Lege eine herzförmige Steckplatte auf und umfahre sie am Rand mit einer Nadel. Stich das Loch mit dem Trickhalm aus. Lege ein Herzmuster auf die Steckplatte. Lass dabei Lücken, damit die Perlen sich nachher gut in die Masse drücken lassen. Lege das modellierte Herz mit der Oberseite nach unten auf und drücke es in die Perlen. Alles wenden und die Steckperlenplatte abnehmen. Die Perlen mit den Fingern ganz in die Modelliermasse drücken.

BRAUNES HERZ:

Rolle die weiche Modelliermasse mit der Knetrolle 1 cm bis 1,5 cm dick aus. Lege eine herzförmige Steckplatte auf und umfahre sie am Rand mit einer Nadel. Stich das Loch mit dem Trickhalm aus. Lege ein Kreismuster auf die Steckplatte. Lass dabei Lücken, damit die Perlen sich nachher gut in die Masse drücken lassen. Lege das modellierte Herz mit der Oberseite nach unten auf und drücke es in die Perlen. Alles wenden und die Steckperlenplatte abnehmen. Die Perlen mit den Fingern ganz in die Modelliermasse drücken.

DU BRAUCHST

- lufttrocknende Modelliermasse, z.B. FIMO® air
- Bügelperlen
- Bügelperlen-Steckplatte: Herz und Kreis
- Kerze oder Teelicht
- Ausstechform Herz
- Knetrolle
- Nadel
- Trinkhalm

STROHHALM-RAKETEN

1 Schneide von dem Papier ein 10 cm x 10 cm großes Stück ab. Rolle das Papier um den Stiel des Kochlöffels und klebe es mit Klebefilm zu einer Papierröhre zusammen.

2 Ziehe die Papierröhre vom Stiel, falte oben die Seiten nach innen, sodass zwei Spitzen entstehen, und klebe sie mit UHU Alleskleber zusammen.

3 Schneide mithilfe der Vorlagen zusätzliche Details aus und klebe sie auf.

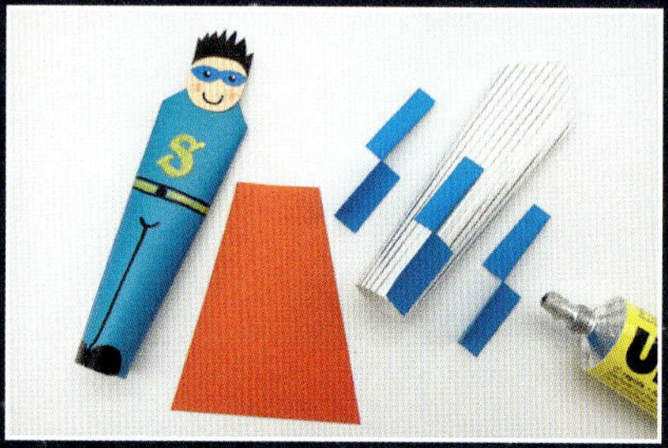

TIPP

Lass die Rakete fliegen: Setze die Rakete auf deinen Trinkhalm und puste von unten kräftig hinein.

DU BRAUCHST

- Papptrinkhalme
- Geschenk- oder Schreibpapier in verschiedenen Farben
- Acrylmarker oder Filzstifte
- Geschenkband
- Kochlöffel
- Klebefilm
- UHU Alleskleber

Vorlage S. 194

SUPERHELD:

Zeichne den Körper erst nach dem Aufrollen auf das Papier. Schneide den Kopf mithilfe der Vorlage aus Papier aus, male Gesicht und Haare auf und klebe ihn auf die Spitze. Schneide mithilfe der Vorlage den Umhang aus und klebe ihn auf.

STERNENRAKETE:

Bemale das Papier vor dem Aufrollen mit Sternen. Klebe drei Geschenkbandstücke mit in die Spitze ein. Schneide schmale Fransen in einen Papierstreifen und klebe ihn zum Schluss unten auf.

STREIFENRAKETE:

Schneide schmale Papierstreifen aus und klebe sie um die aufgerollte Rakete.

RAKETE:

Schneide mithilfe der Vorlage drei Finnen zu. Schneide die Klebefläche in der Mitte ein und falte dann eine Hälfte nach rechts und eine nach links. Die drei Finnen im gleichmäßigen Abstand auf die Rakete kleben. Darüber malst du einen Kreis als Fenster.

PFEIL:

Bemale das Papier vor dem Aufrollen mit Streifen. Schneide mithilfe der Vorlage zwei Spitzen und zwei Federteile zu. Klebe die Teile oben und unten deckungsgleich um die Papierröhre.

KLOROLLEN-AUTOS

1 Drücke für die Schnauze des Autos die Papprolle an der vorderen Öffnung rechts und links nach innen. Je nachdem, wie breit und wie tief du die Papprolle eindrückst, gibst du deinem Auto eine andere Form.

2 Klebe die obere und untere Kante mit Klebeband flach zusammen (Rennwagen) oder knicke die beiden Kanten und klebe sie aufeinander (Sportwagen und Viersitzer). Am hinteren Ende kannst du die Kanten ebenso eindrücken und zusammenkleben oder offenlassen.

3 Schneide ein H oben in die Röhre. Klappe die Scheibe nach oben und die Rückenlehne nach unten. Jetzt malst du das Auto mit Farbe an und verzierst es mit Washitape.

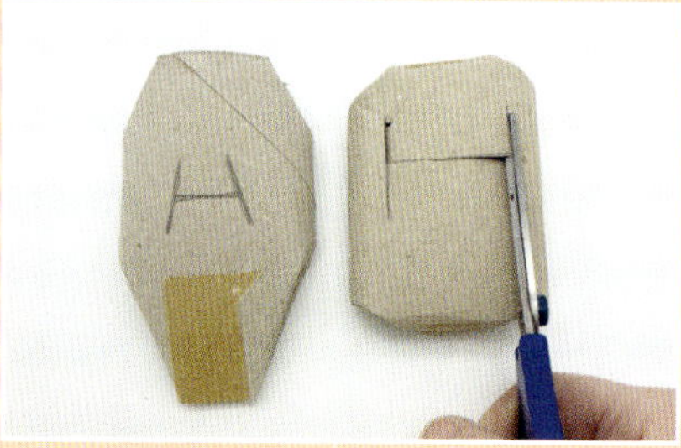

4 Schneide vier Scheiben von dem Korken und bemale sie mit Farbe. Stich vier Löcher in das Auto, schiebe jeweils ein Schaschlikstäbchen als Achse durch. Schneide das Stäbchen auf die passende Länge und stecke die Korkräder auf. Stich dazu kleine Löcher mit der Schere vor. Für die Scheinwerfer knüllst du das Krepp- oder Seidenpapier zu Kugeln und klebst sie in die Vertiefungen.

DU BRAUCHST

- Klorolle oder Küchentuchrolle
- Pappreste
- Korken
- Schaschlikstäbchen
- Krepp- oder Seidenpapierreste
- Washitape zum Verzieren
- Acrylfarbe
- Papierklebeband
- UHU Bastelkleber
- Pinsel
- Messer

GRÜNER RENNWAGEN:
Drücke die Seiten vorn weit ein, hinten machst du nur ganz kleine Knicke. Die Scheinwerfer lässt du weg. Nimm für die Vorderräder einen kleineren Korken.

BLAUER SPORTWAGEN:
Drücke vorn und hinten die Seiten gleich weit ein. Für das Dach knickst du einen passenden Streifen zu einem U und klebst ihn rechts und links in die Fahrerkabine.

GELBER SPORTWAGEN:
Drücke vorn und die Seiten etwas weiter ein als hinten. Als Heckspoiler klebst du einen Pappstreifen auf. Das Auto bekommt nur vorn zwei Scheinwerfer.

ROTER SPORTWAGEN:
Drücke vorn und hinten die Seiten gleich weit ein.

BLAUER VIERSITZER:
Nimm eine Küchentuchrolle und kürze sie auf die passende Länge. Drücke die Seiten vorn und hinten gleich weit ein. Schneide zwei Sitze hintereinander in die Rolle und klappe beim hinteren Sitz beide Teile nach unten.

VORLAGEN

Die Vorlagen-Zeichnungen findest du in der Digitalen Bibliothek:

www.topp-kreativ.de/digibib

Der Freischaltcode steht im Impressum.

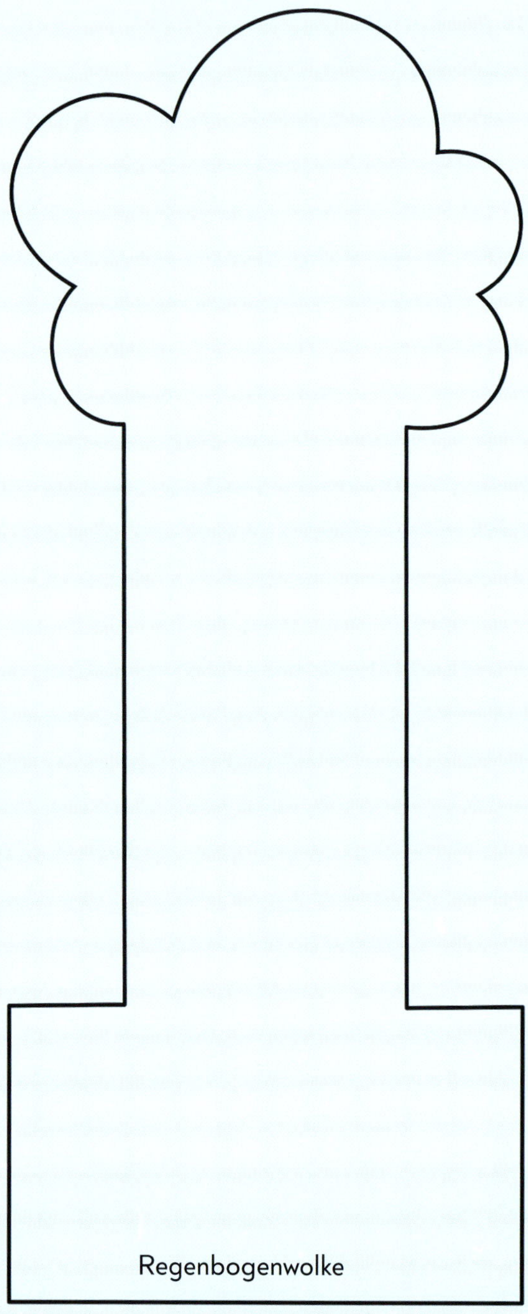

KRESSEGÄRTCHEN

Seite 28

FADENSPANNSTERNE

Seite 160

OSTEREIER TIERPARADE

Seite 10

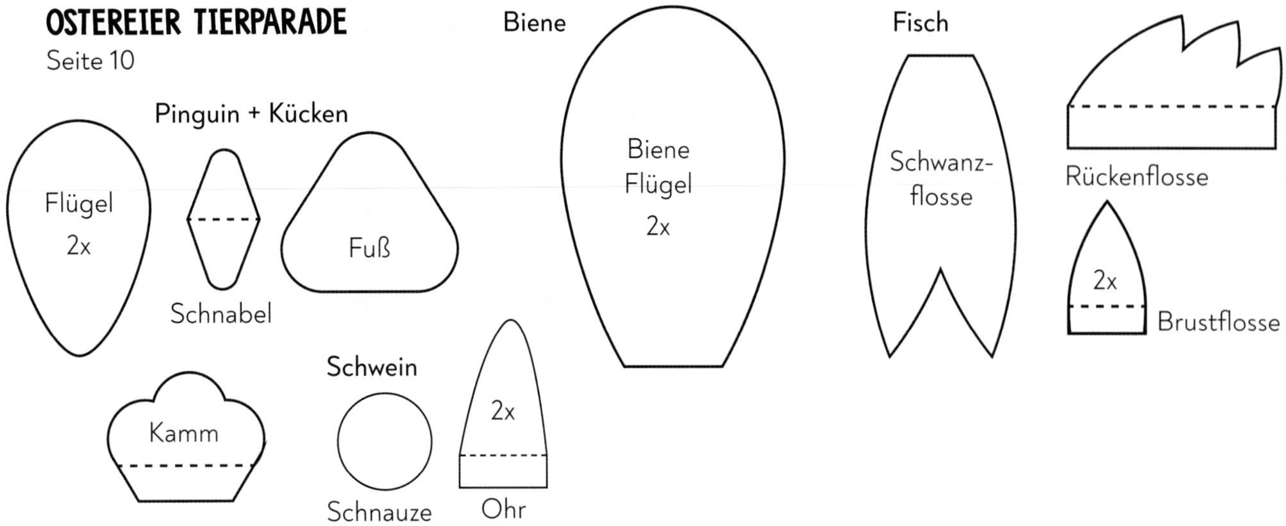

ÜBERRASCHUNGSEIER

Seite 18

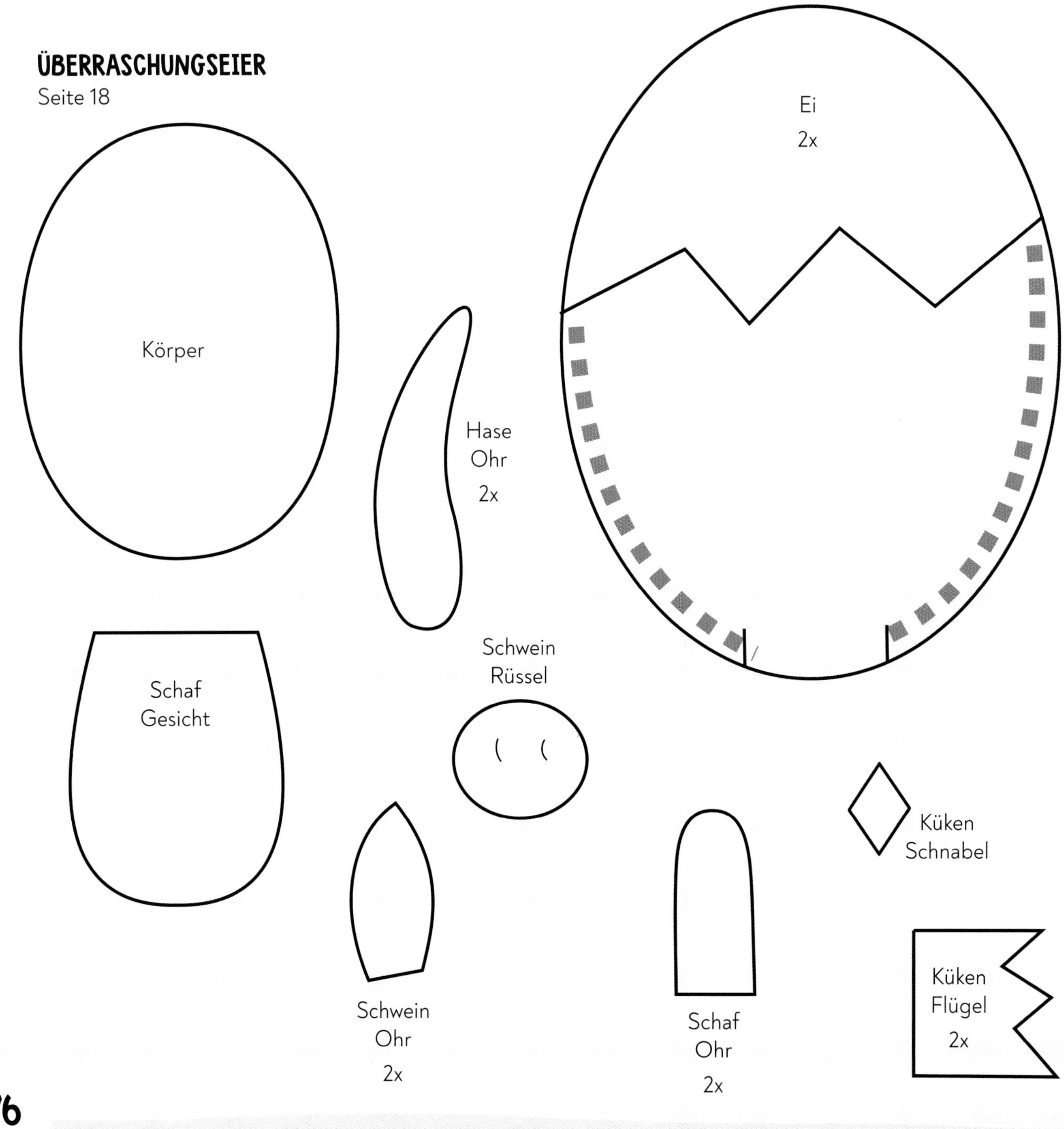

WIPPTIERE

Seite 14

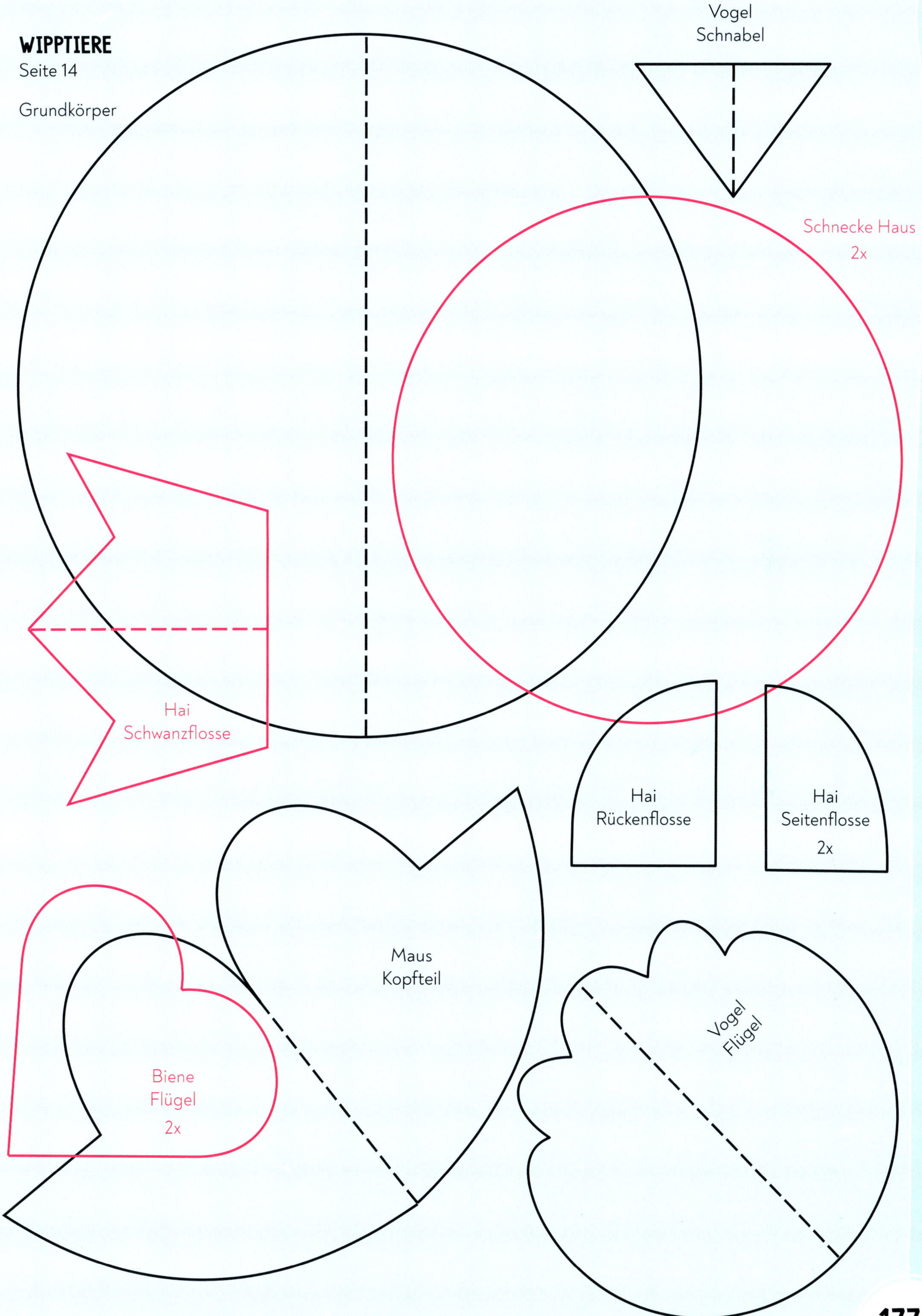

EIERKÖPFE

Seite 24

MAKRAMEE-FIGUREN

Seite 42

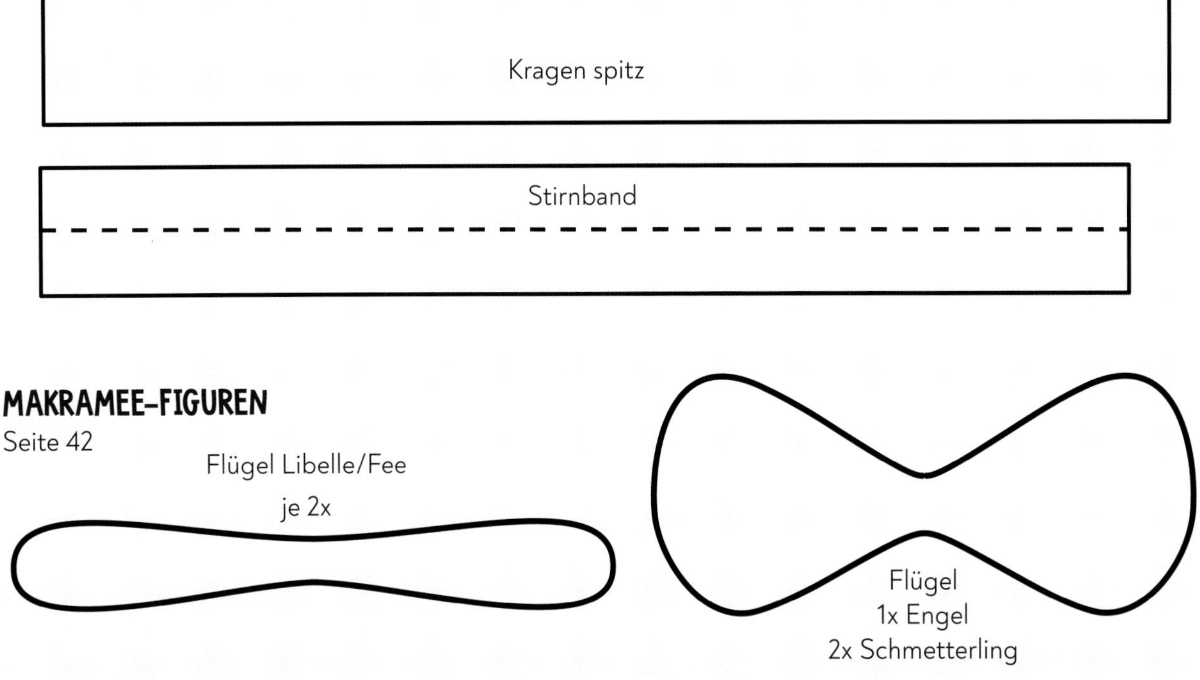

PLISSEE-TIERE
Seite 36

SCHIFF, AHOI!
Seite 76

ZAPFEN-TIERE
Seite 100

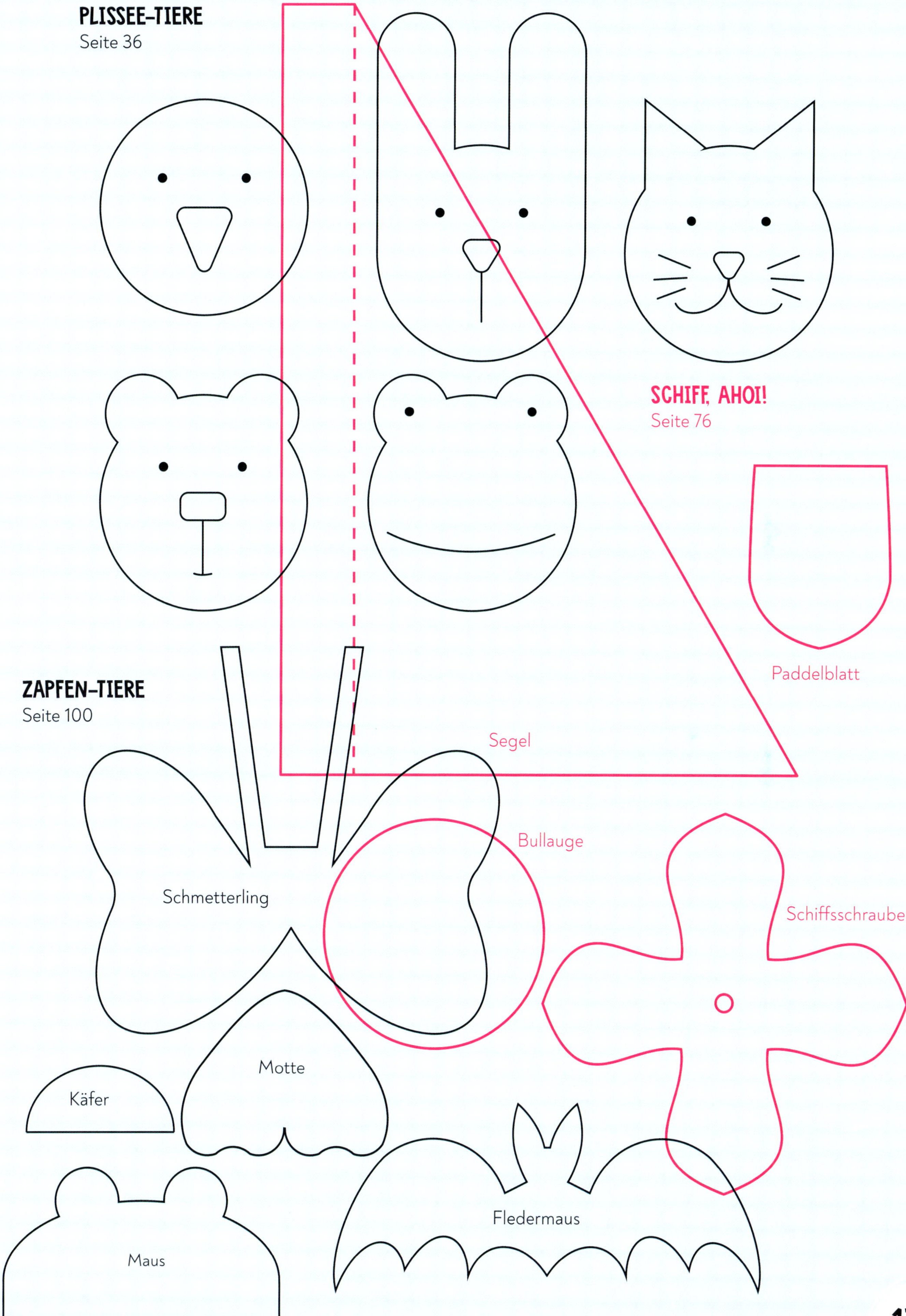

BUNTE PAPPKAMERADEN

Seite 32

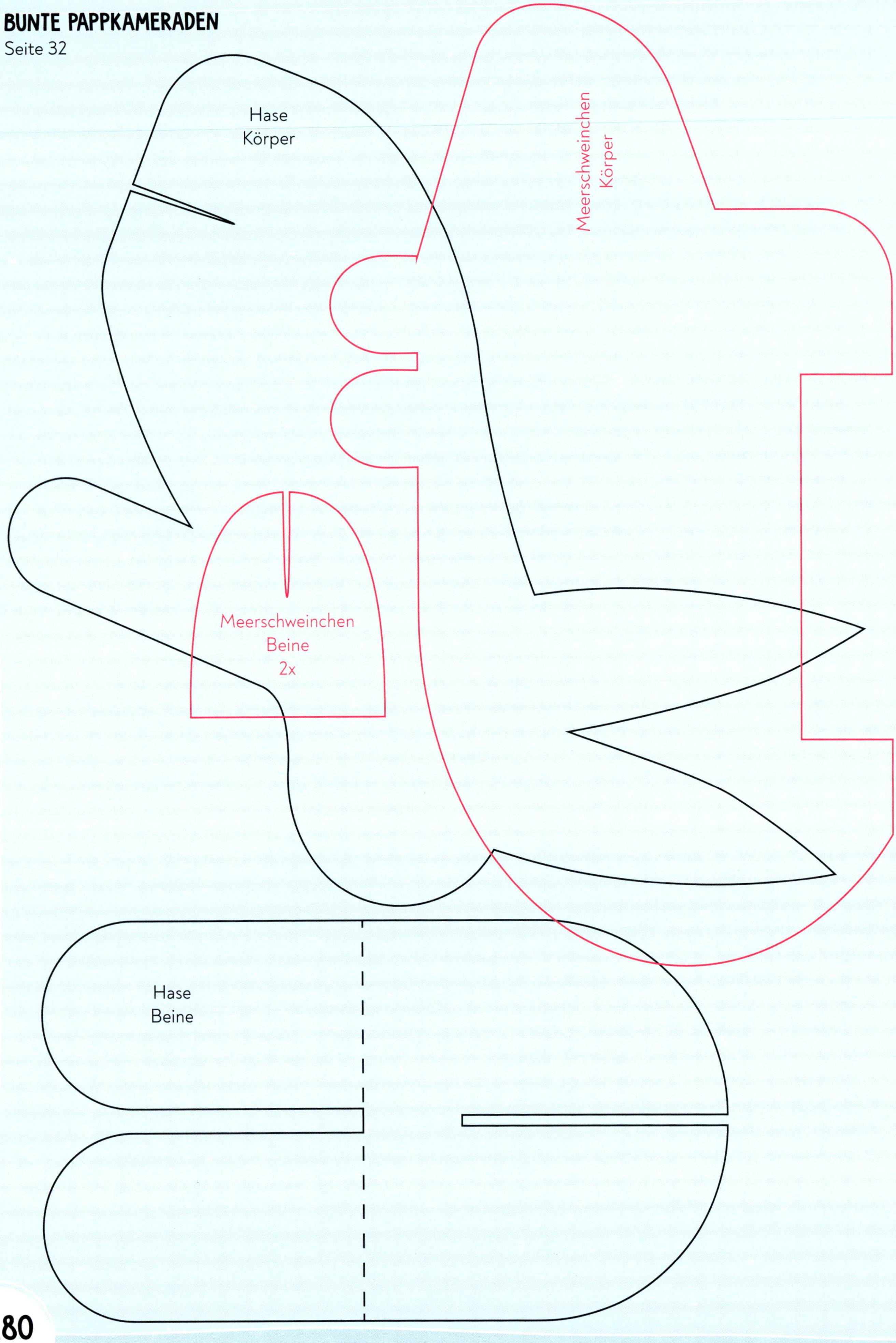

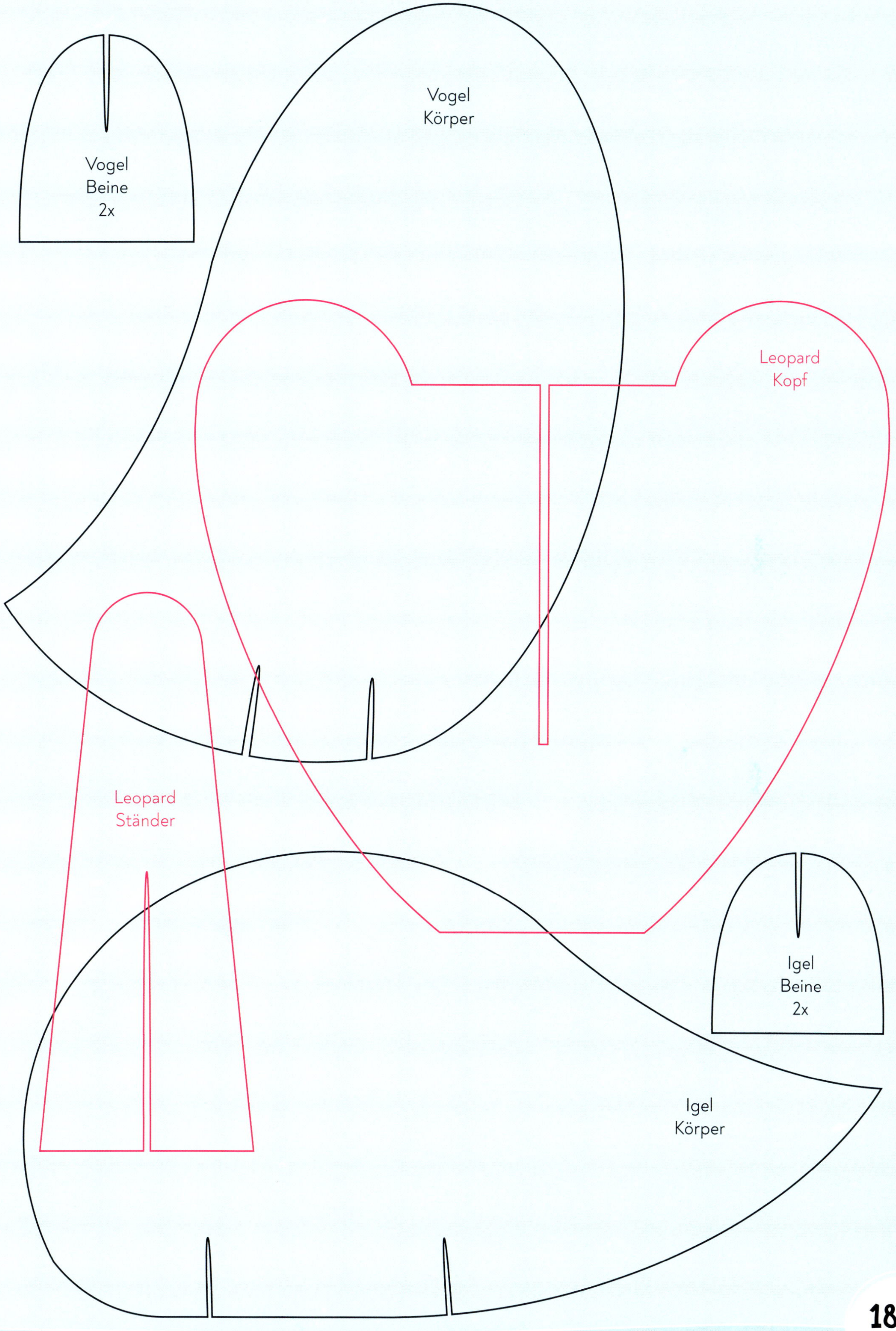
Vogel Beine 2x
Vogel Körper
Leopard Kopf
Leopard Ständer
Igel Beine 2x
Igel Körper

SÜSSE TIERE
Seite 38

WICKELTIERE
Seite 158

SÜSSE TIERE
Seite 32

PIXELBILDER
Seite 70

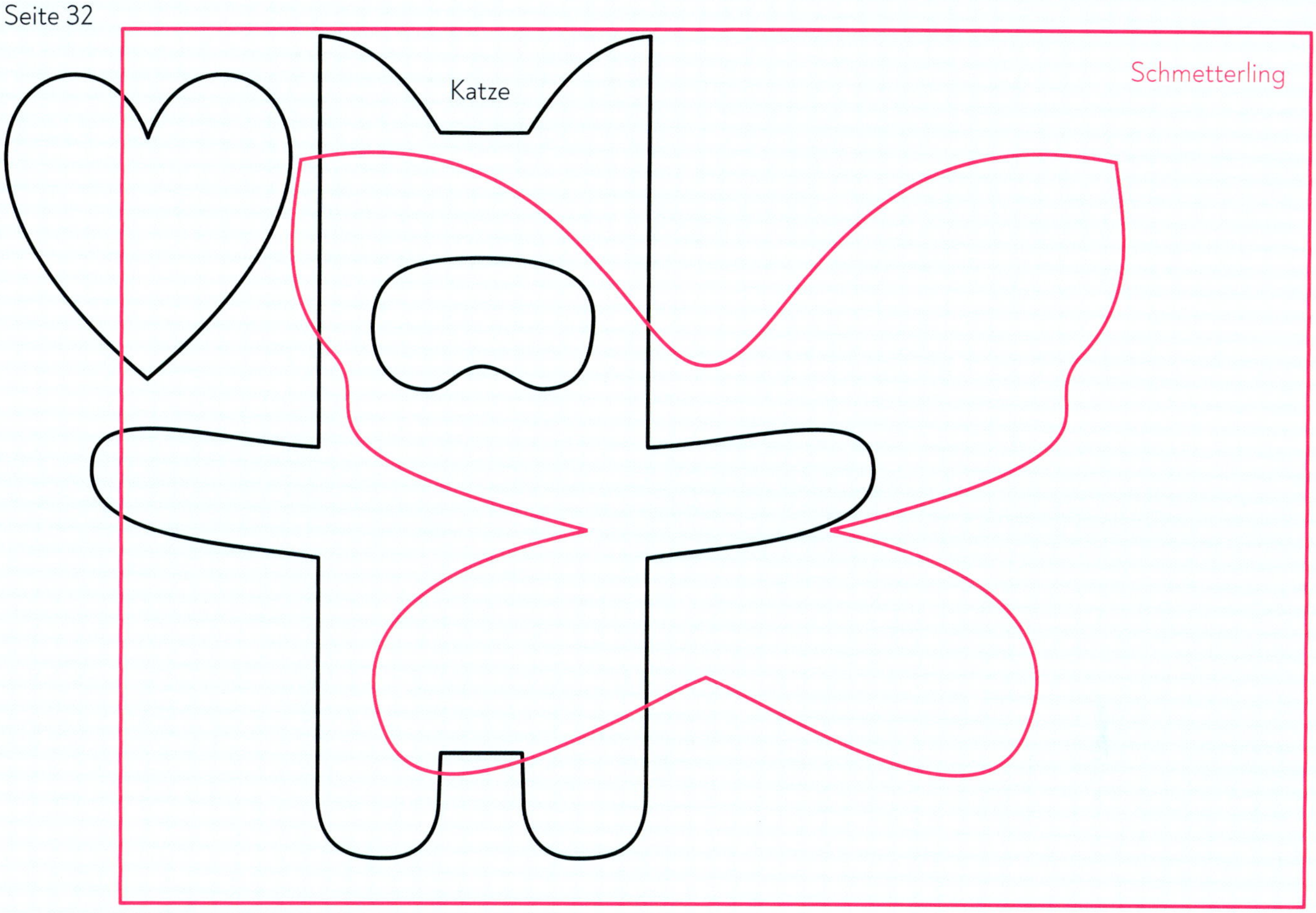

KAKTEEN MIT HAND UND FUSS
Seite 56

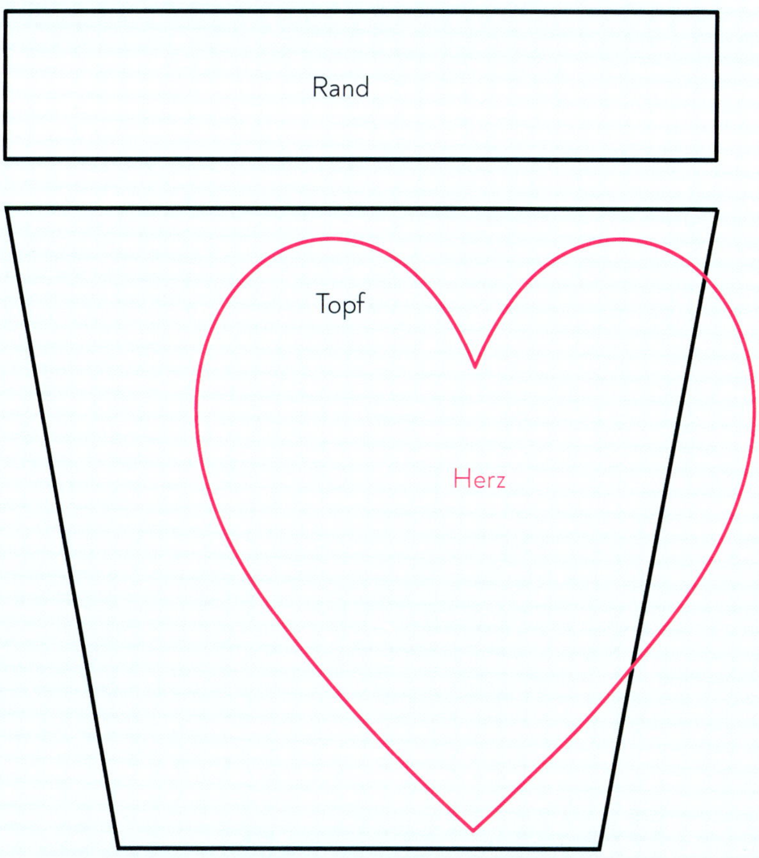

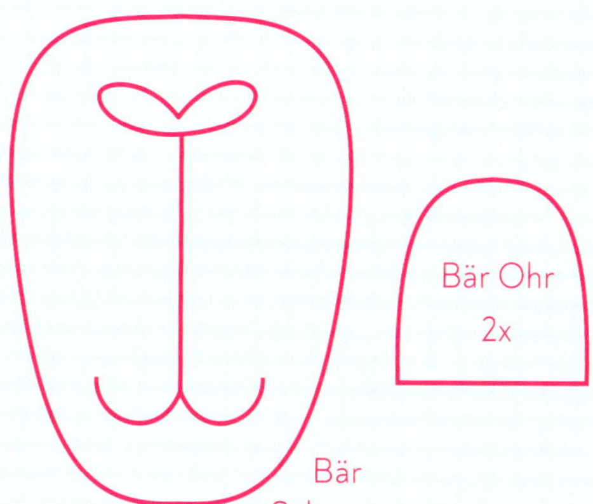

GEFRÄSSIGE FISCHE

Seite 52

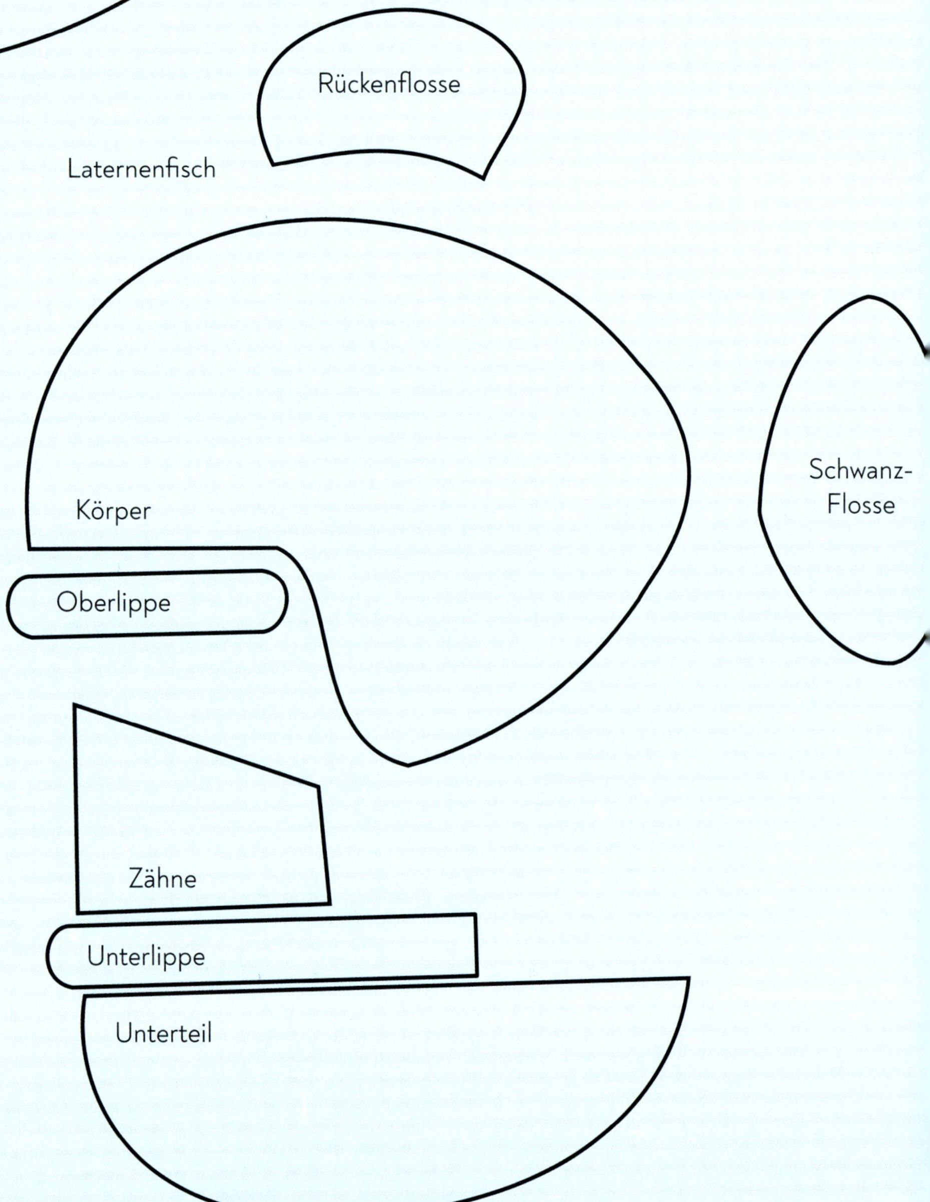

PARTY-FAVOURS

Seite 72

GEFRÄSSIGE FISCHE

Seite 52

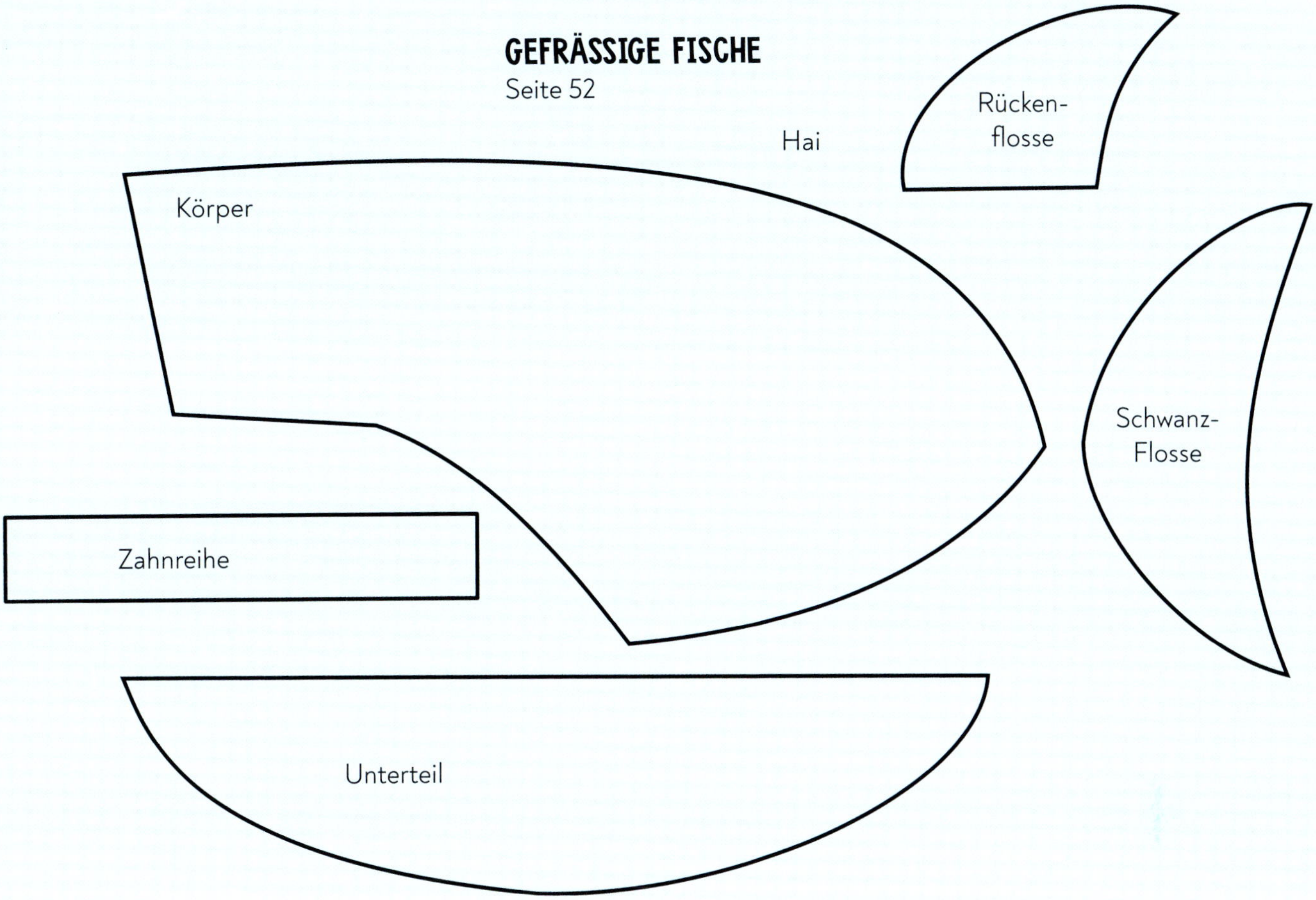

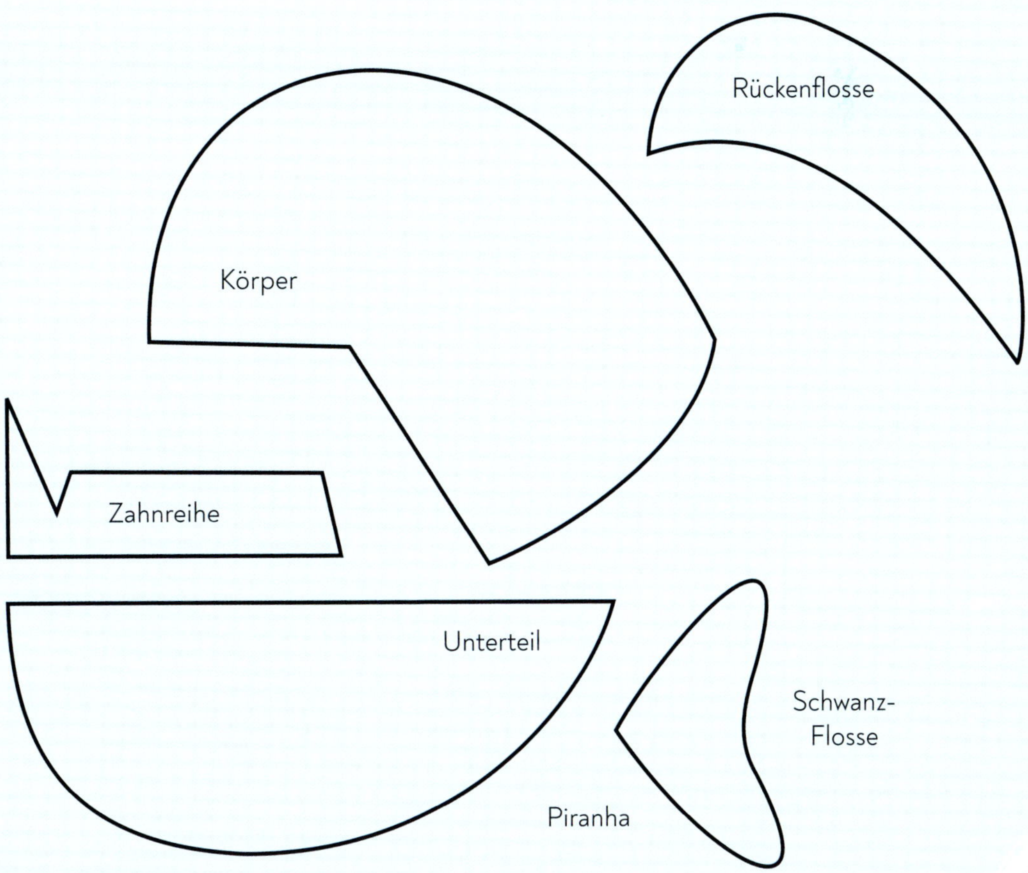

AFFENBANDE
Seite 104

HALLOWEEN-EIMER
Seite 114

LEBKUCHEN-FIGUREN
Seite 142

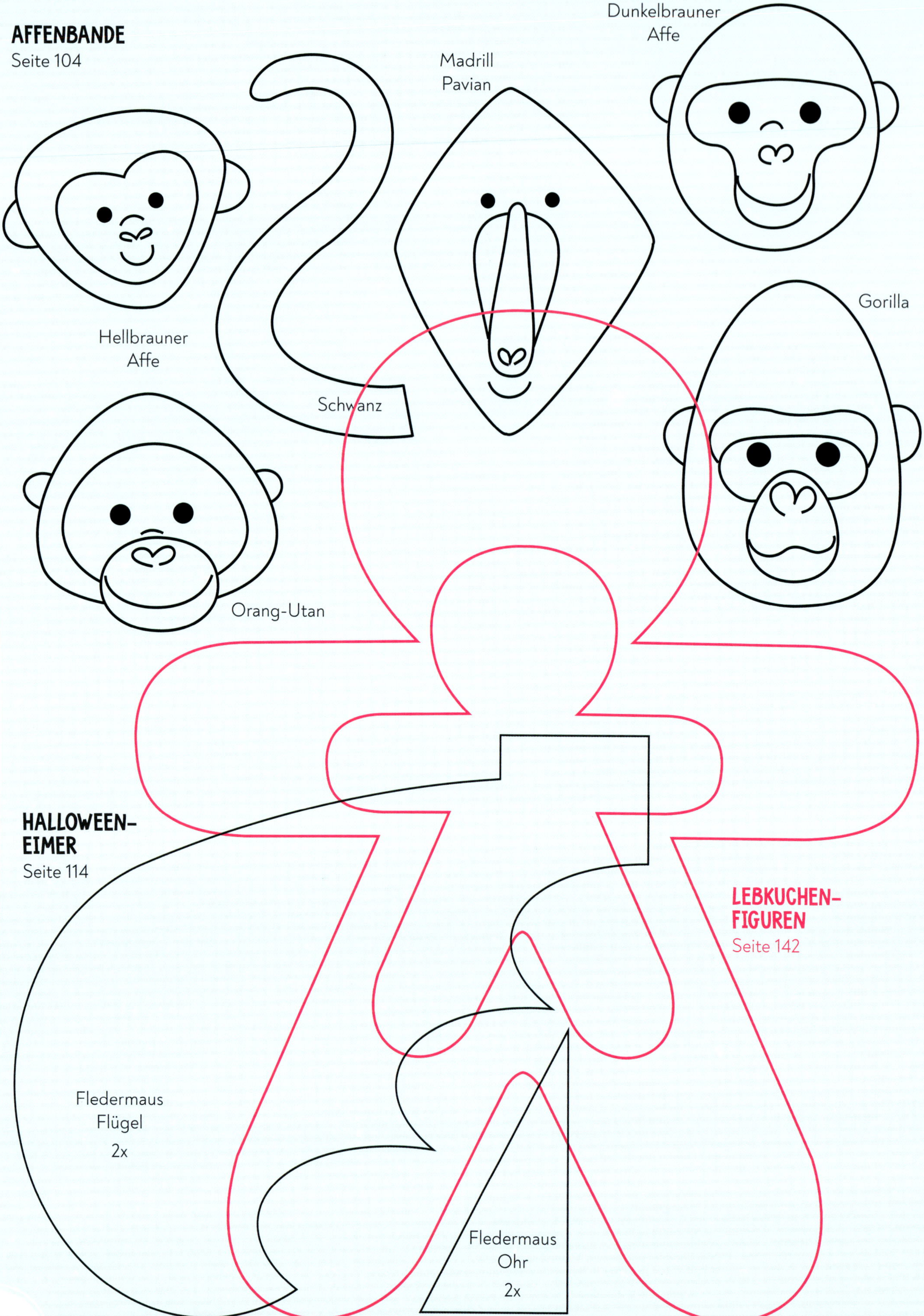

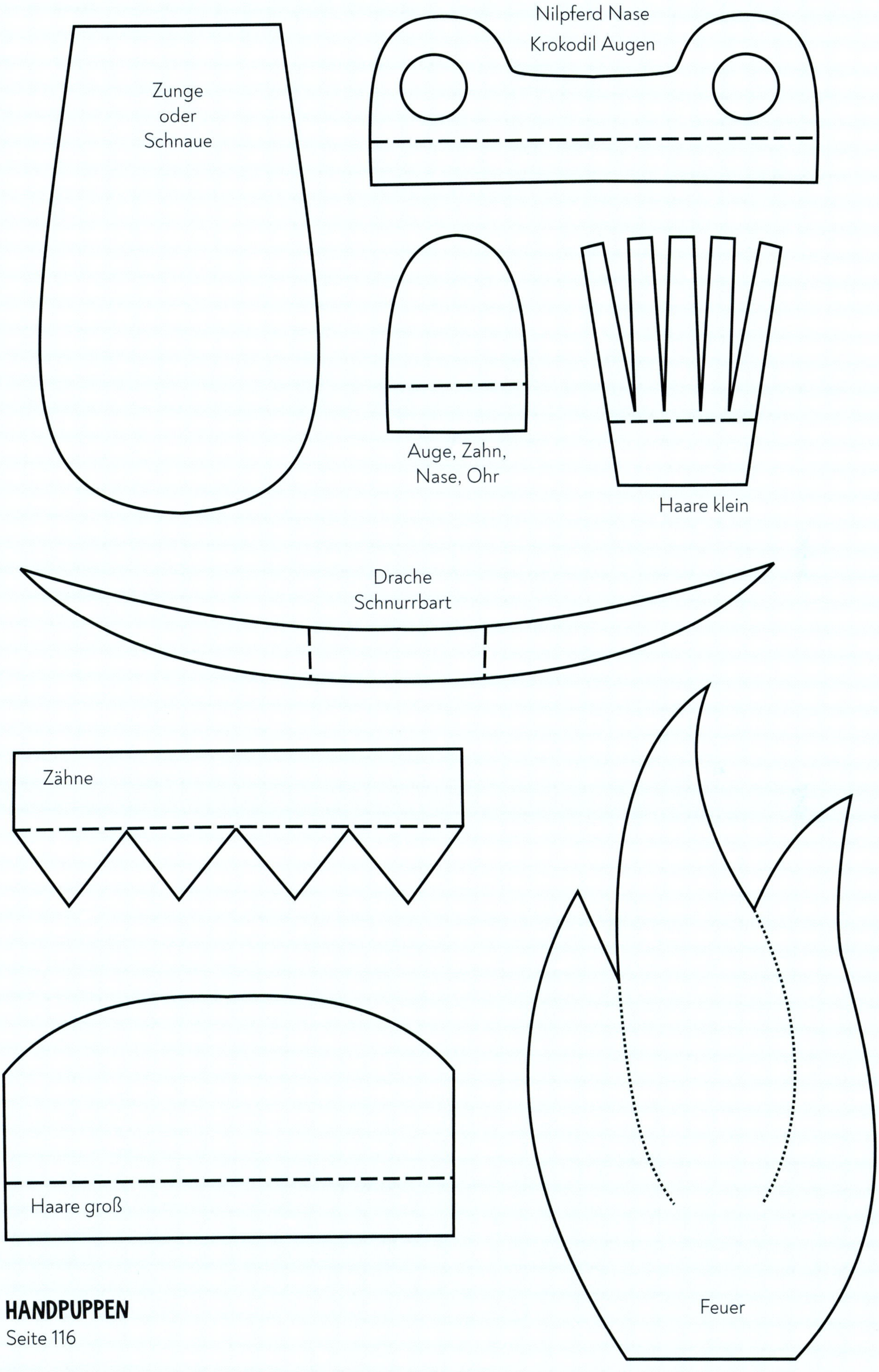

HANDPUPPEN
Seite 116

KUNTERBUNTE PAPPVASEN

Seite 94

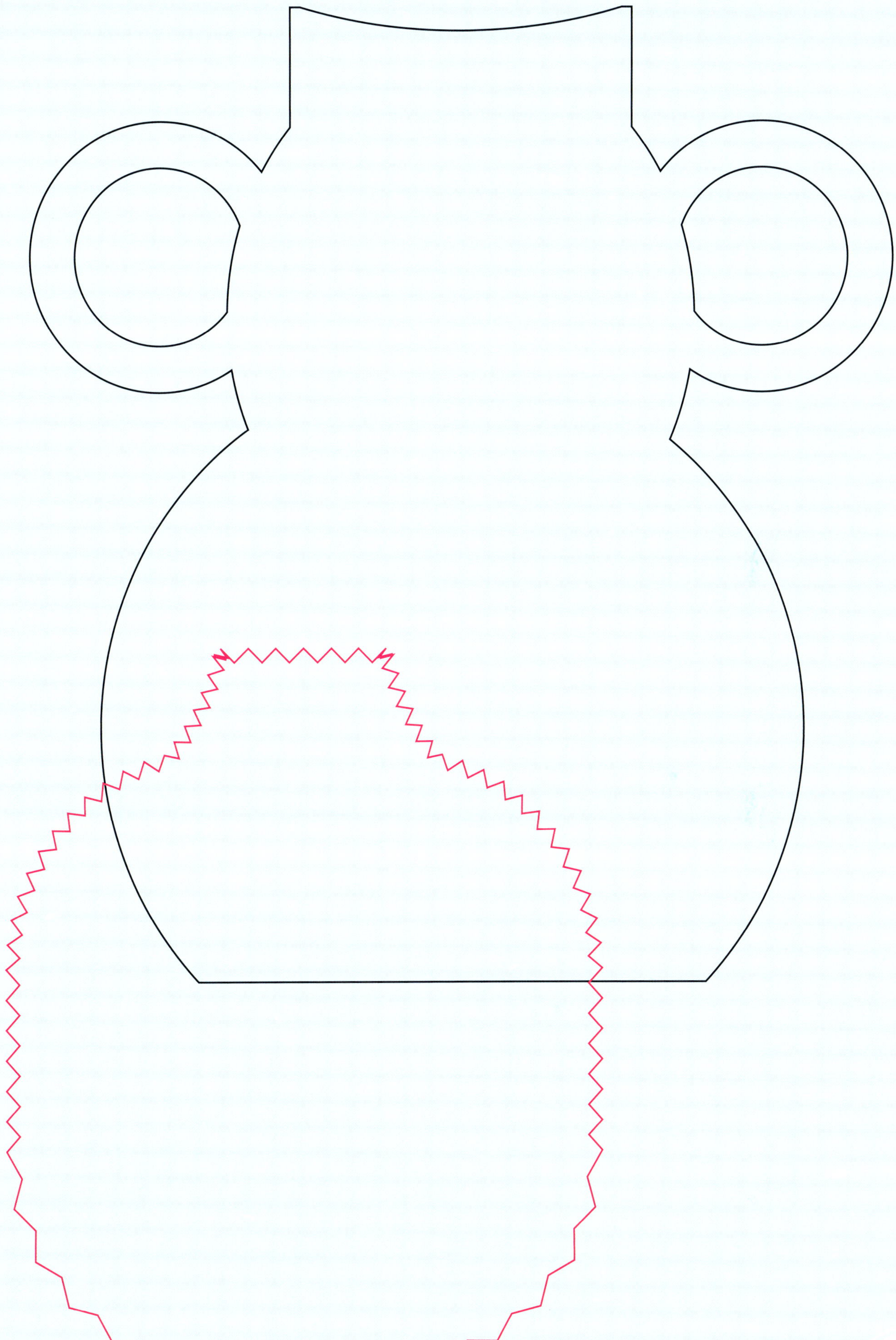

KLOROLLEN-DINOS

Seite 124

AB INS WELTALL

Seite 150

KLOROLLEN-DINOS
Seite 124

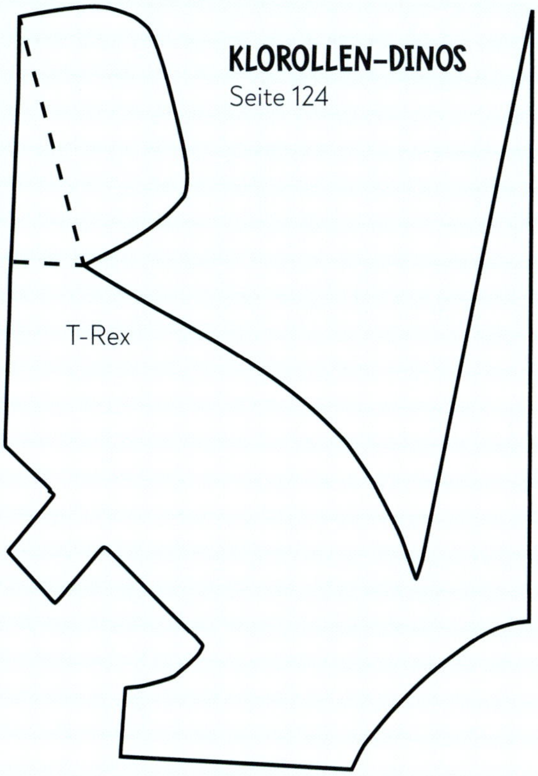

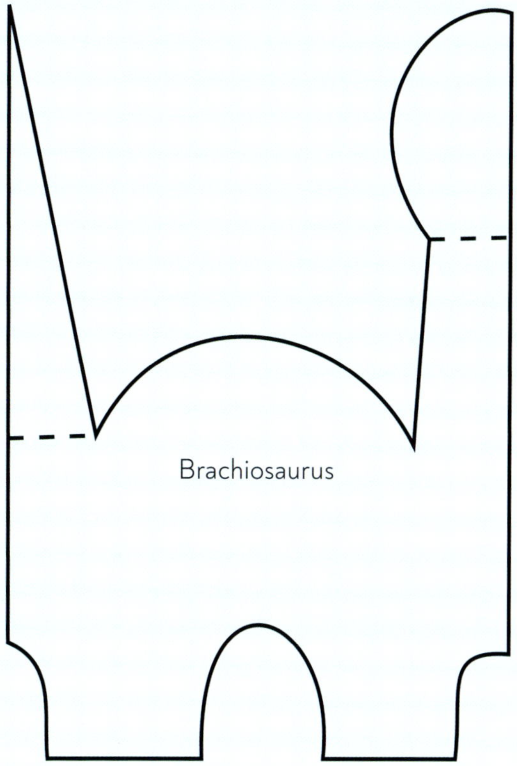

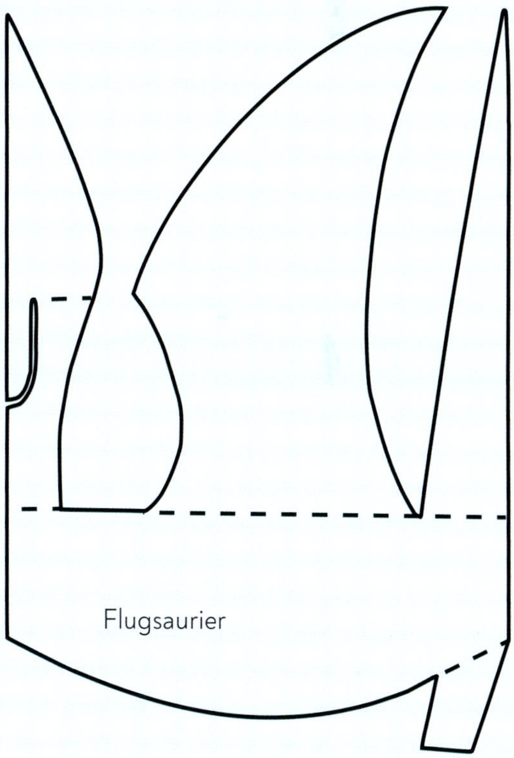

AB INS WELTALL
Seite 150

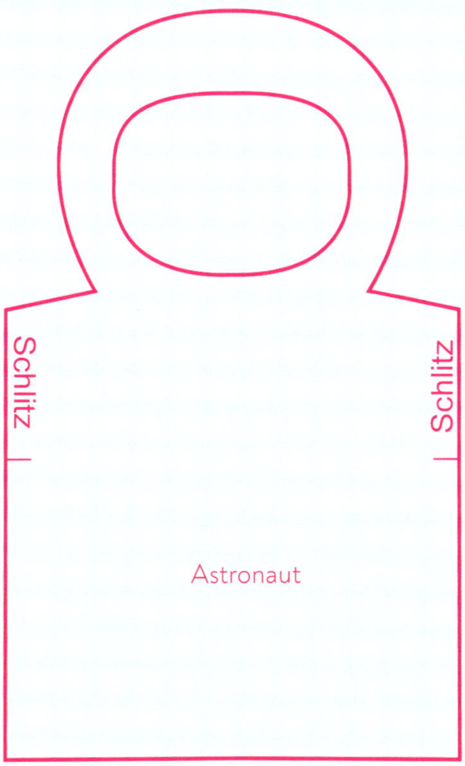

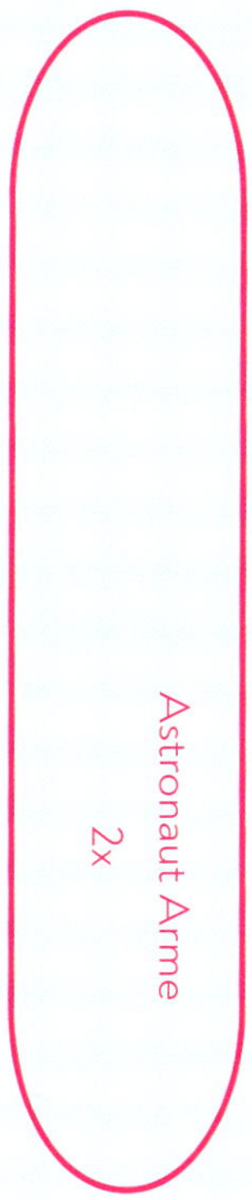

FOTO-HAMPELMÄNNER

Seite 146

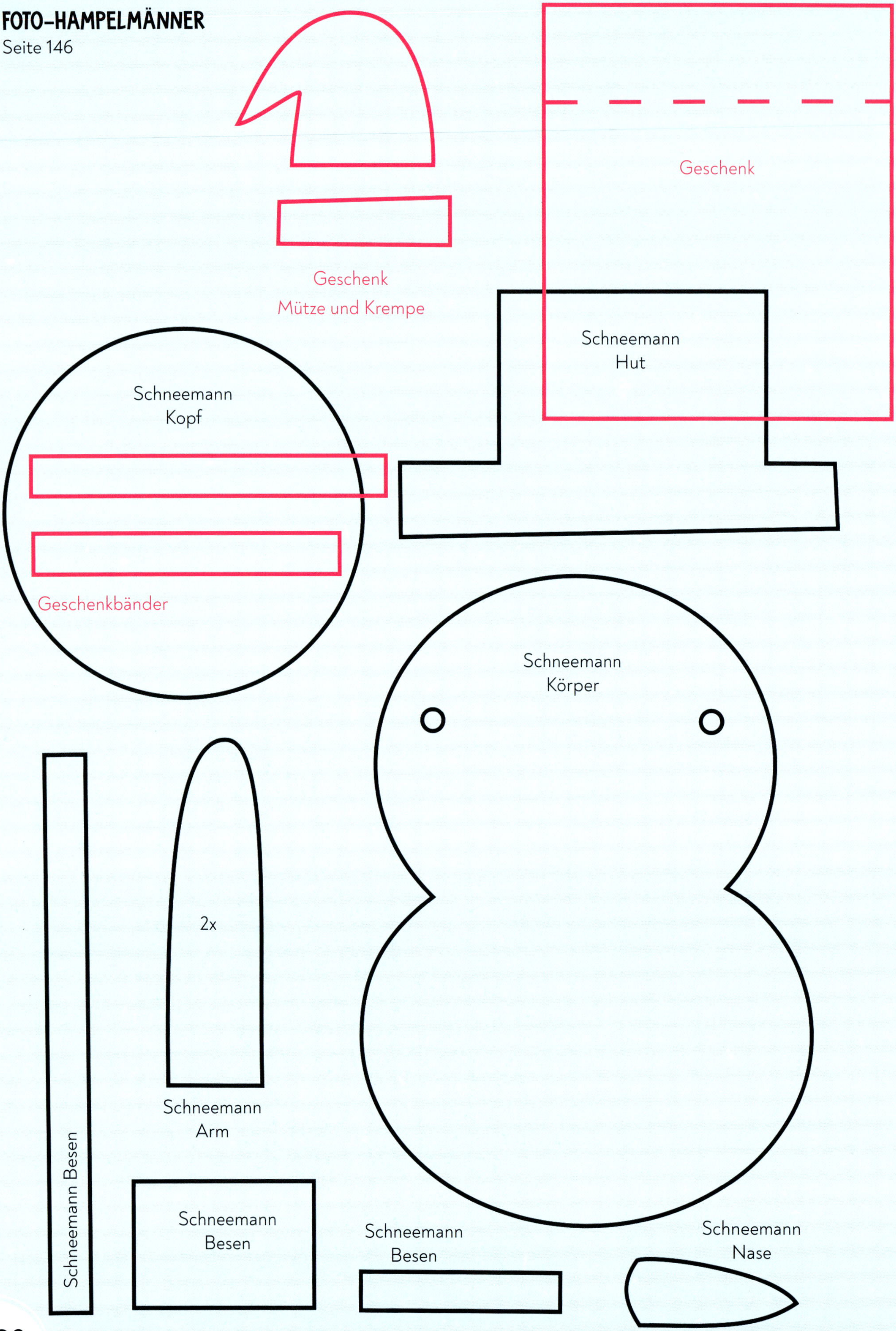

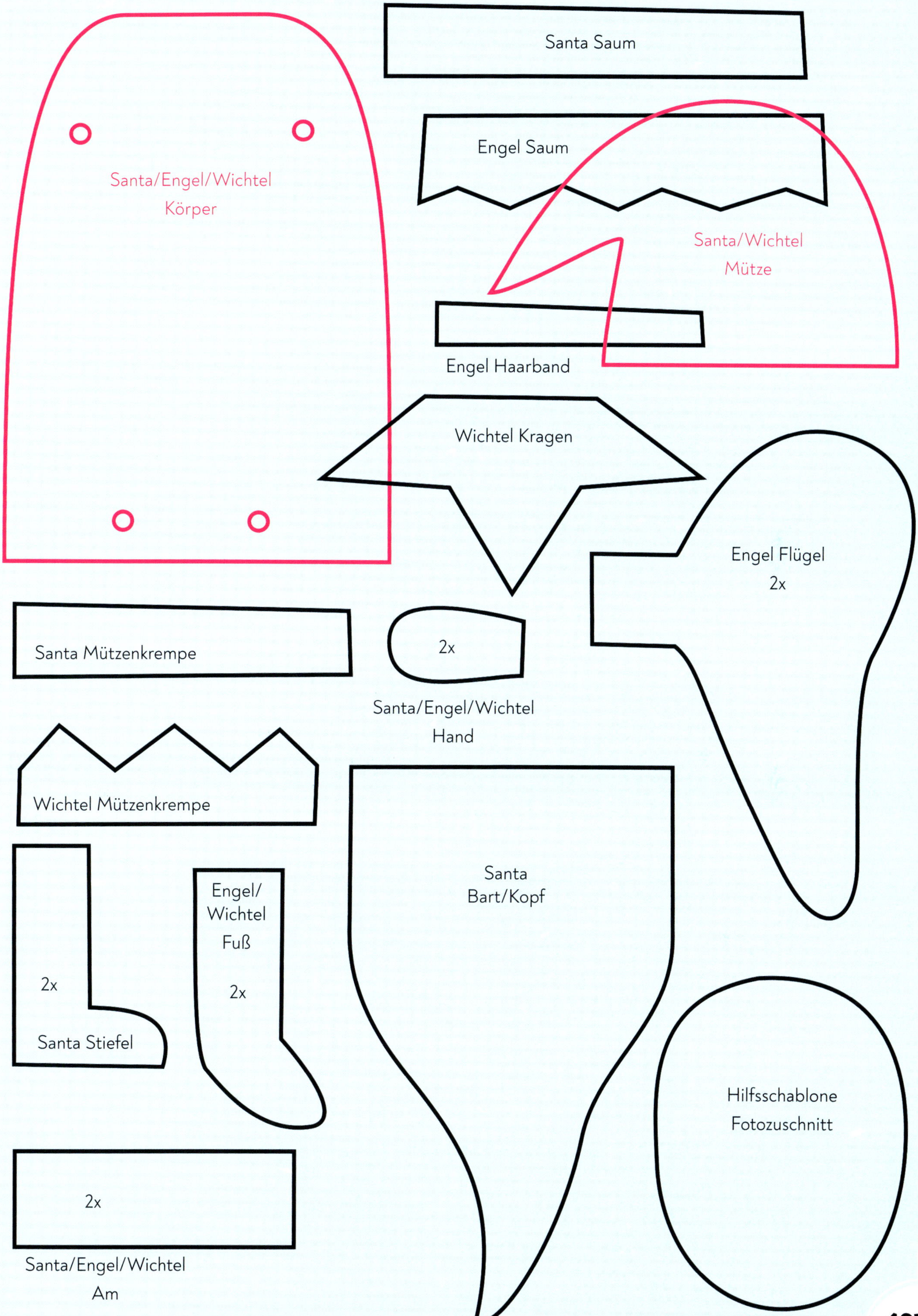
Santa/Engel/Wichtel
Körper
Santa Saum
Engel Saum
Santa/Wichtel
Mütze
Engel Haarband
Wichtel Kragen
Engel Flügel
2x
Santa Mützenkrempe
2x
Santa/Engel/Wichtel
Hand
Wichtel Mützenkrempe
Santa
Bart/Kopf
2x
Santa Stiefel
Engel/
Wichtel
Fuß
2x
Hilfsschablone
Fotozuschnitt
2x
Santa/Engel/Wichtel
Arm

STROHHALM-RAKETEN

Seite 168

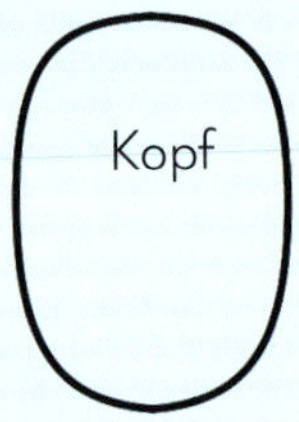

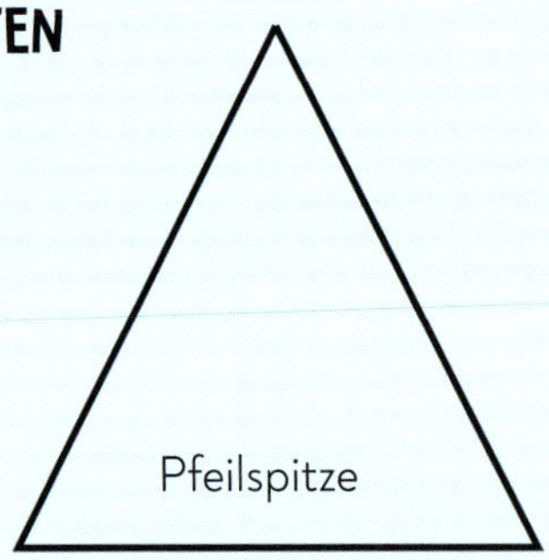

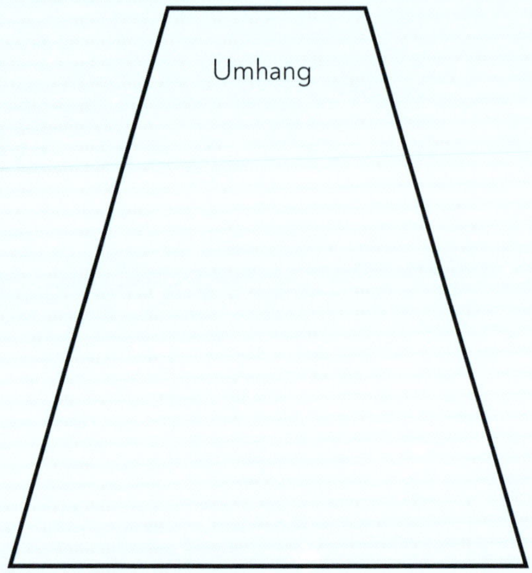

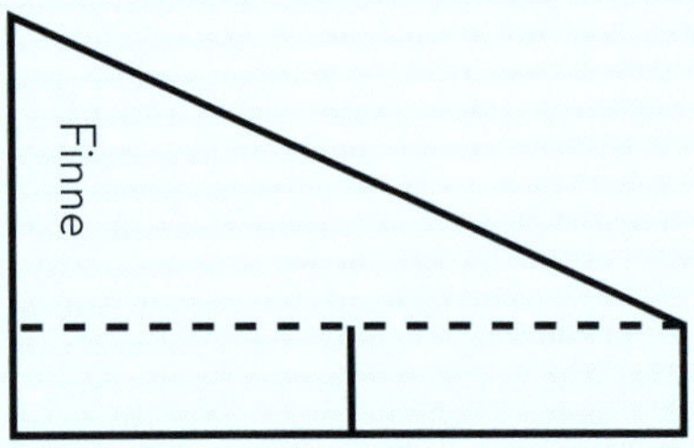

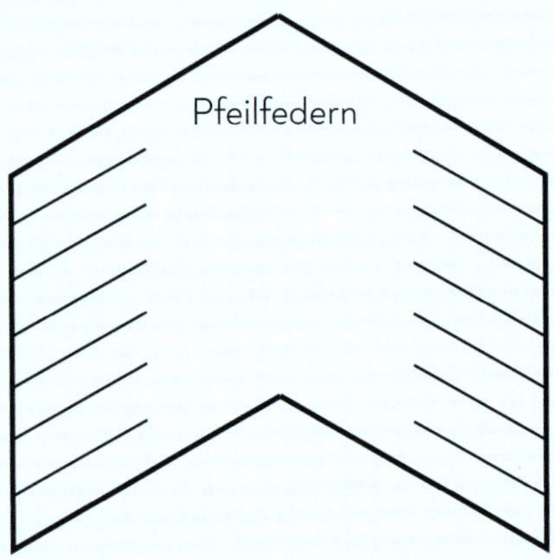

FÄCHER

Seite 58

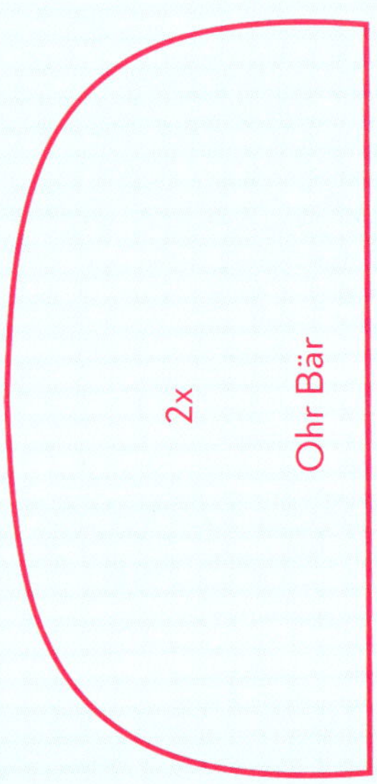

BLUMENMÄDCHEN

Seite 120

Bär

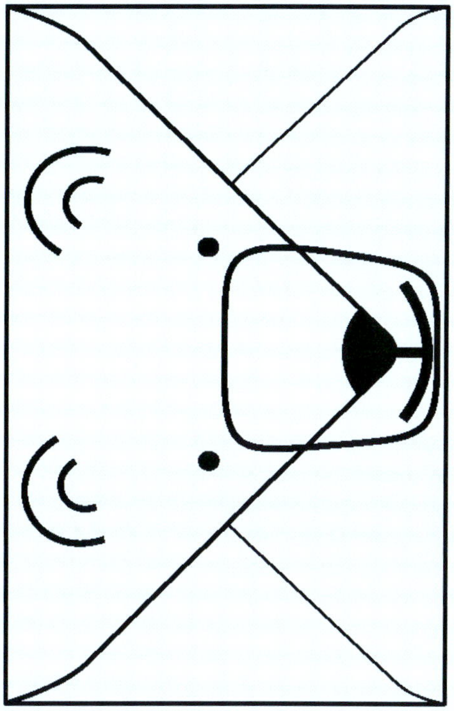

Maus

Fuchs

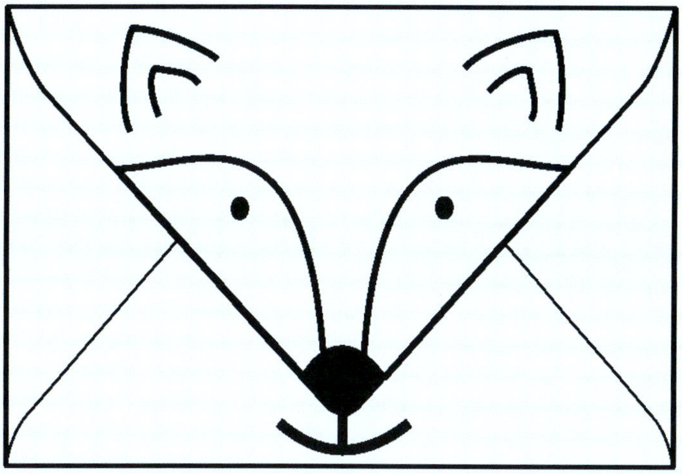

Koala

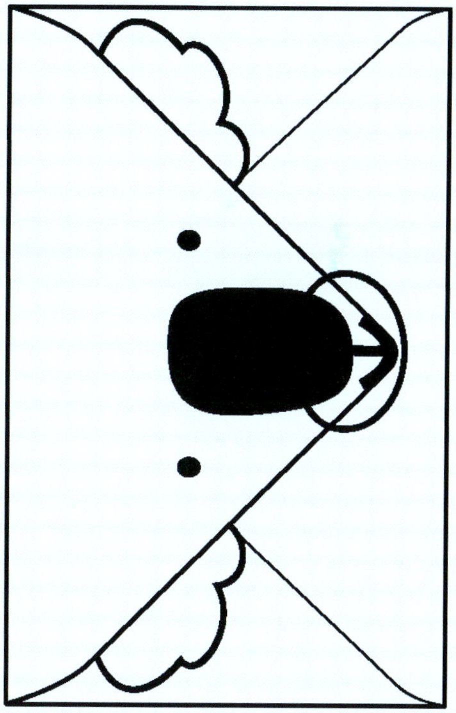

Eichhörnchen

LUSTIGE BRIEFUMSCHLÄGE

Seite 126

GESCHENK-ANHÄNGER

Einfach mit der Schere an der gestrichelten Linie entlang ausschneiden und mit einem Bürolocher ein Loch zum Aufhängen stanzen. Auf der Rückseite kannst du deinen Anhänger noch personalisieren.

VIEL SPASS BEIM VERSCHENKEN!

FROHE OSTERN

FROHE OSTERN

FROHE OSTERN

Happy
Birthday

Happy
Birthday

Happy
Birthday

FÜR: ____________

VON: ____________

FÜR: ____________

VON: ____________

FÜR: ____________

VON: ____________

FÜR: ____________

VON: ____________

FÜR: ____________

VON: ____________

FÜR: ____________

VON: ____________

Für Dich

FÜR: ____________

VON: ____________

Für Dich

FÜR: ____________

VON: ____________

Für Dich

FÜR: ____________

VON: ____________

FÜR:

VON:

FÜR:

VON:

FÜR:

VON:

FÜR:

VON:

FÜR:

VON:

FÜR:

VON:

Alles Gute!

FÜR:

VON:

Für Dich

FÜR:

VON:

Alles Liebe!

FÜR:

VON:

HAPPY BIRTHDAY

HAPPY BIRTHDAY

HAPPY BIRTHDAY

Alles
Gute!

Für
Dich

Alles
Liebe!

FÜR:

VON:

FÜR:

VON:

FÜR:

VON:

FÜR:

VON:

FÜR:

VON:

FÜR:

VON:

Alles Gute!

FÜR:

VON:

Für Dich

FÜR:

VON:

Alles Liebe!

FÜR:

VON:

Merry
Christmas
and happy New year

Merry
Christmas
and happy New year

Merry
Christmas
and happy New year

Merry
Christmas
AND HAPPY NEW YEAR

Merry
Christmas
AND HAPPY NEW YEAR

Merry
Christmas
AND HAPPY NEW YEAR

Christmas
Magic

Christmas
Magic

FÜR:

VON:

FÜR:

VON:

FÜR:

VON:

FÜR:

VON:

FÜR:

VON:

FÜR:

VON:

Merry Christmas

FÜR:

VON:

Merry Christmas

FÜR:

VON:

SUSANNE PYPKE

Du liebst kreative DIY-Ideen, probierst ständig neue Techniken und machst am liebsten alles selbst? Dann bist du vermutlich genauso bastelverrückt wie ich! Schon als Kind gab es für mich nichts Schöneres, als mit Säge, Nadel und Schere zu experimentieren. Und das ist bis heute so geblieben. Nach verschiedenen Stationen in der Medienbranche habe ich vor rund zehn Jahren meine Leidenschaft zum Beruf gemacht. Inzwischen sind zahlreiche DIY-Bücher mit meinen Ideen erschienen. Und auch im Fernsehen gab es von mir schon Tipps und Tricks. Am meisten genieße ich aber das gemeinsame Basteln mit Kindern, Nachbarn und Freunden. Dann gibt es auch für mich noch viel zum Staunen.

JOHANNA RUNDEL

Johanna Rundel, geboren 1979, ist Designerin, Grafikerin und Illustratorin. Sie liebt Handwerken, Stricken, Sticken, Nähen und Basteln und berichtet auf ihrem Blog mehrmals pro Woche, was ihr kreatives Herz bewegt. Johanna Rundel lebt mit ihrem Mann und ihren beiden Kindern in Frankfurt am Main.

BUCHEMPFEHLUNGEN

ISBN 978-3-7358-9045-0

ISBN 978-3-7724-4622-1

ISBN 978-3-7724-4487-6

ISBN 978-3-7724-4391-6

ISBN 978-3-7358-9180-8

ISBN 978-3-7358-9181-5

ISBN 978-3-7358-9139-6

ISBN 978-3-7358-9031-3

ISBN 978-3-7358-9004-7

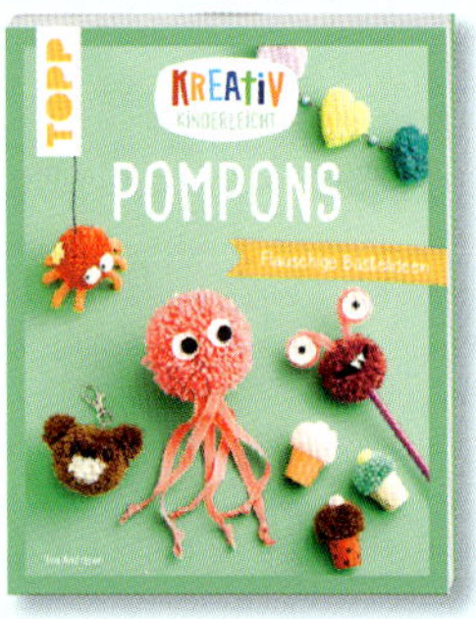

ISBN 978-3-7358-9140-2

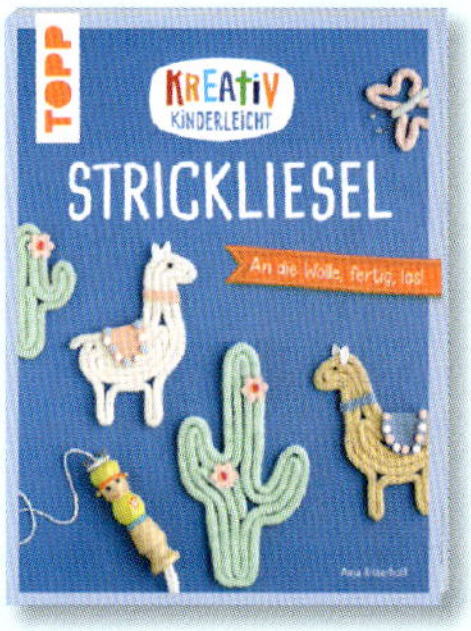

ISBN 978-3-7724-4358-9

ISBN 978-3-7724-8462-9

ISBN 978-3-7358-9226-3

VIELE WEITERE KREATIV-BÜCHER FINDEST DU AUF WWW.TOPP-KREATIV.DE

#TOPPPROJEKT

Die eigene Kreativität zeigen: TOPPprojekt mit anderen Kreativen teilen und Teil der Gemeinschaft werden.

DIY-begeistert und auf Instagram? Dann unbedingt mitmachen! Hier gibt's Tipps und Feedback zu den eigenen Projekten. Außerdem verlosen wir jeden Monat ein Überraschungspaket. Um am Gewinnspiel teilzunehmen, einfach ein Bild vom Kreativ-Projekt aus unseren Büchern mit #TOPPprojekt posten und unserem Account @frechverlag folgen. Mehr Infos auf TOPP-kreativ.de/TOPPprojekt

Website
Auf TOPP-kreativ.de kannst du ein riesiges Angebot von über 1.000 Kreativbüchern, Sets & mehr entdecken.

Newsletter
Gleich anmelden unter: TOPP-kreativ.de/newsletter und immer als Erstes von unseren Neuheiten und Sonderaktionen erfahren.

Instagram
@frechverlag

Pinterest
pinterest.com/frechverlag

Facebook
facebook.com/frechverlag

DigiBib
Hier findest du zusätzlich zu vielen unserer Bücher digitale Extras, wie Video-Tutorials, Plotter-Dateien, Vorlagen, Übungsblätter & vieles mehr. Einfach im Impressum deines TOPP-Buchs den Freischalte-Code nachschlagen und exklusive Inhalte freischalten. TOPP-kreativ.de/digibib

Youtube
youtube.com/frechverlag

KREATIV-HOTLINE

Hilfestellung zu allen Fragen, die Materialien und Bücher zu kreativen Hobbys betreffen: Rufen Sie an oder schreiben Sie eine E-Mail!

Telefon: 0711 / 123 757 20*

*normale Telefongebühren

E-Mail: mail@kreativ-service.info

DER FREISCHALTCODE FÜR DIE VORLAGEN LAUTET:

59284

IMPRESSUM

MODELLE UND SCHRITTFOTOS: Susanne Pypke: Seiten 12-30, 34, 38, 42, 49-52, 56-58, 62-65, 70, 74-80, 84, 88-92, 96-98, 104-108, 112, 116-118, 122-126, 130, 136-138, 142-146, 150, 154-156, 160-172; Johanna Rundel: Seiten 10, 32, 36, 46, 54, 60, 68, 72, 82, 94, 100-102, 110, 114, 120, 133, 140, 148, 152, 158

FOTOS: frechverlag GmbH, 70839 Gerlingen; lichtpunkt, Michael Ruder, Stuttgart

ILLUSTRATIONEN: CreativeMarket: Peace ART

PRODUKTMANAGEMENT UND LEKTORAT: Sandra Aichele

LEKTORAT: Sarah Ulmer, Jessica Cremer

COVER: Melanie Herrmann

LAYOUT UND SATZ: Konstanze Laue

DRUCK UND BINDUNG: Print Best OÜ

MIX
Papier | Fördert gute Waldnutzung
FSC® C129413

Penguin Random House Verlagsgruppe
FSC® N001967

6. Auflage 2025

ISBN 978-3-7358-9025-2 · Best.-Nr. 29025